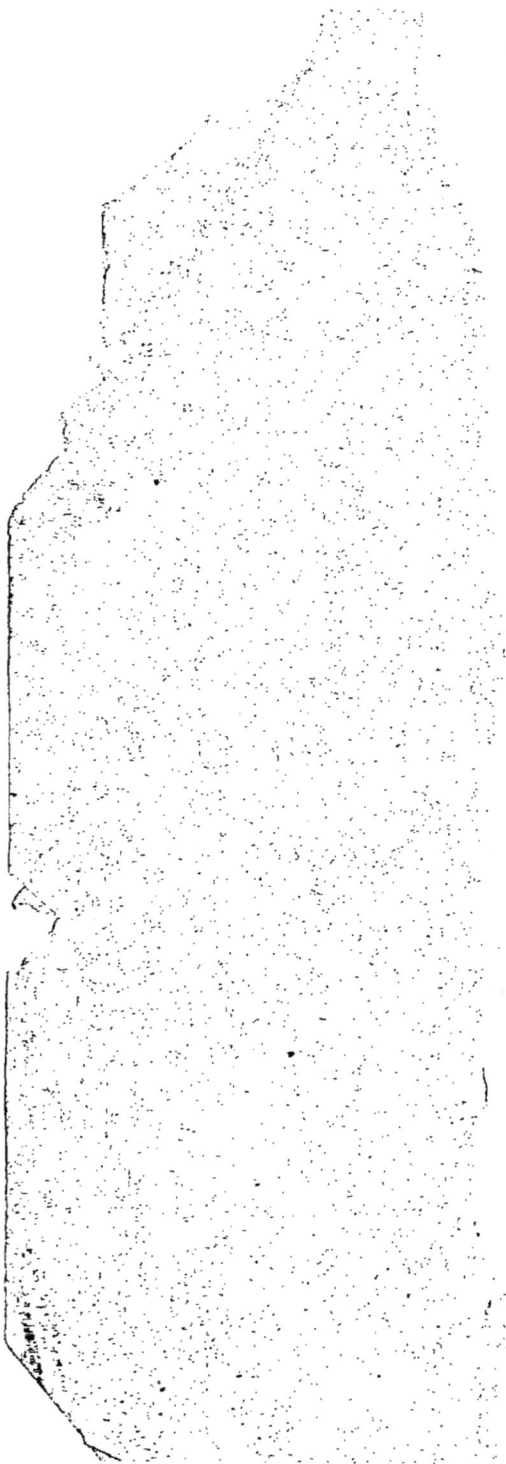

RÉSUMÉ

DE

L'HISTOIRE MODERNE.

RÉSUMÉ

DE

L'HISTOIRE MODERNE,

PAR

J. J. Altmeyer.

BRUXELLES.

MELINE, CANS ET COMPAGNIE

LIBRAIRIE, IMPRIMERIE ET FONDERIE.

1842

AVANT-PROPOS.

Il n'y a guère d'honneur à recueillir avec ces résumés, c'est-à-dire avec de simples compilations. Aussi pour consacrer ses loisirs à des ouvrages de ce genre, faut-il que l'on soit emporté par le désir d'être utile. Il me semble que ce qu'une critique raisonnable peut en exiger, c'est qu'ils soient au niveau des études historiques, et qu'ils exposent les faits avec clarté, avec précision et dans un ordre méthodique. Le public jugera si j'ai rempli ces conditions. Pour ménager l'espace et, par conséquent, les frais [1], je n'ai pas cité au

---

[1] C'est pour la même raison que j'ai indiqué par le signe † la mort des personnages dont j'ai parlé.

bas des pages les sources d'où j'ai tiré cet opuscule ; mais je déclare que les publications des meilleurs historiens allemands et français , tels que Schlosser, Heeren , Wachler , Guizot , Sismondi, Capefigue, etc., etc., etc., ont été largement mises à profit tant pour le fond que pour la forme.

Bruxelles, le 1er mars 1842.

J. J. ALTMEYER.

CHAPITRE I.

COMMOTIONS RELIGIEUSES.

1500 - 1660.

I

Le xv° siècle finissait. Le caractère général de cette époque avait été un sentiment de travail et de recherches, un besoin d'investigation, une certaine inquiétude de l'esprit qui appelaient un changement sans en préciser ni les moyens ni le but. Un fait immense s'était produit à cette grande époque et l'avait dominée. Vers l'année 1440, l'imprimerie fut découverte, et cette nouveauté donna une audacieuse indépendance aux esprits. Bientôt,

par suite des prédications d'Ulric Zuingle (depuis
1516) et de Martin Luther (depuis le 31 octobre 1517), deux systèmes de religion et de politique entièrement nouveaux s'établirent en Europe.
L'Allemagne, morcelée à l'infini, devint, par cela
même, le berceau du protestantisme, qui brisa
l'unité impériale et consolida le pouvoir des princes
et des seigneurs féodaux (1552, 1555, 1648). La
Hollande secoua violemment le joug de l'Espagne,
(1565, 1579, 1581-1609, 1621-1648); l'Angleterre fit voler en éclats le trône des Stuarts (1649),
se constitua en république (1650-1659) et se
proclama la reine des mers; en Suède et en Danemark, la hiérarchie catholique et plus tard aussi
l'aristocratie féodale succombèrent sous le protestantisme, et des trônes nouveaux s'y élevèrent sur
des bases nouvelles.

II

RÉACTIONS DE L'ÉGLISE CATHOLIQUE.

A peine la réforme de Luther eut-elle fait explosion qu'on essaya de la faire reculer , d'abord par
la violence, ensuite par les négociations. Les parties dissidentes étaient sur le point de se rappro-
cher , le 5 avril 1541, dans le fameux colloque de
Ratisbonne. Le pape Paul III prêta la main à un
accommodement ; mais la scission fut accomplie
par le concile de Trente (1545-1565). Depuis, il se
trouva, parmi les papes , des têtes actives et puis-

1.

santes qui travaillèrent avec ardeur au rétablissement de l'antique autorité de l'Église : de ce nombr e
furent Paul IV (1555-1559), Pie V (1566-1572),
Grégoire XIII (1585), et surtout le prodigieux Sixte-
Quint (1585-1590). L'existence de la Compagnie
de Jésus, qui s'établit en 1534, doit être mise au
nombre des suites du luthéranisme qu'elle était appelée à combattre et à maîtriser. Cet ordre, le plus
étonnant dont l'histoire ait gardé le souvenir, dut sa
plus grande splendeur à Jacques Lainez (1556-1565),
à Alphonse Salmerone (1566-1585) et à Claude
Aquaviva (1581-1615).

III

A la fin du xve siècle, la France, sous le gouvernement presque illimité de Charles VIII et de Louis XII, concentra ses grandes forces nationales, les lança sur l'Italie et se plaça au premier rang des puissances militaires de l'Europe ; mais elle trouva de redoutables adversaires dans les papes (1495) et les rois d'Espagne. Ces derniers, grâce à leur habile politique, s'emparèrent (1501) de Naples et réussirent, au delà de toute attente,

à humilier l'orgueil de la France, qui, en 1513,
fut aussi forcée de renoncer au Milanais. Le pape
Alexandre VI (1490-1503) procura à l'État de
l'Église une haute prépondérance politique ; Jules II
(1503-1513) tira les plus grands avantages de la
ligue de Cambrai, sur laquelle il avait si adroite-
ment spéculé (1508, 1510); Léon X (1513-1521),
avec un peu plus de résolution et de fermeté, aurait
pu atteindre au but que s'étaient proposé ses prédécesseurs et sauver l'indépendance de la belle Italie.
A cette époque, l'élévation de la maison d'Autriche
avait été préparée par Maximilien Ier (1493-1519),
qui avait le malheur de gâter ses éminentes quali-
tés, en voulant toujours entreprendre plus que ne
le permettaient et sa position et ses ressources.

IV

CHARLES-QUINT.

Charles-Quint, fils de Maximilien Ier, petit-fils de Ferdinand le Catholique, maître des Pays-Bas (depuis 1506), roi d'Espagne (1516), empereur d'Allemagne (1519), était appelé à gouverner un État tel que l'Europe n'en avait plus connu depuis Charlemagne. Il suivit les maximes de la politique italienne avec une rare circonspection et une haute conséquence de vues (depuis 1529); mais il fut quelquefois étroit et mesquin dans ses conceptions.

Son système fut d'abord déterminé par ses relations personnelles avec François Ier, roi de France
(1515-1545). Ce roi paladin, emporté par ses pas-
sions et son esprit chevaleresque, lutta (1521 ; bataille de Pavie, 24 février 1525 ; 1527 ; 1536 ; 1542)
pour son honneur royal, pour les droits de sa maison et comme rival jaloux de la puissance de
Charles-Quint. L'Italie devint le champ de bataille
des deux potentats. François Ier donna à la chrétienté le scandaleux spectacle d'une alliance intime
(1522, 1535, 1543) avec la Turquie qui, sous Sé-
lim (1512-1519), avait fait des conquêtes en Perse,
assujetti l'Égypte, et atteint à l'apogée de sa puissance sous le grand sultan Soliman II (né en 1490
et mort en 1566), le conquérant de Belgrade et
de Rhodes, et dont les innombrables armées firent
trembler Vienne (26 septembre-14 octobre 1529).
Les continuelles occupations de Charles-Quint en
Orient et en Occident, ses glorieuses expéditions
contre les barbaresques du nord de l'Afrique (1535,
1541), paralysèrent sa force d'action contre les
protestants d'Allemagne, qu'il voulait châtier bien
plus comme des sujets rebelles que comme des hé-
rétiques ; et lorsque enfin il fut parvenu à les abattre
(20 juillet 1546, 24 avril 1547), son ingrat élève

et favori Maurice de Saxe, allié (depuis le 5 octobre 1551) avec Henri II, roi de France (1547-1559),
lui enleva tous les fruits de ses labeurs. Dans
le traité de Passau (2 août 1552) et dans
la paix de religion d'Augsbourg (21 septembre 1555), les protestants furent reconnus comme
parti politique ; la France resta (depuis le 7 février 1556) en possession de Metz , Toul et Verdun.
Après l'abdication de Charles - Quint (1555 et
1556), sa gigantesque puissance se scinda en
deux immenses fractions : l'Espagne et les Pays-
Bas échurent à son fils Philippe II (1555-1598) ;
l'Autriche , la Hongrie , la Bohême et la couronne
d'Allemagne furent le partage de son frère Ferdinand Ier, qui mourut en 1564.

V

ESPAGNE. — FRANCE. — ANGLETERRE. — PAYS-BAS.

L'Espagne vécut quelque temps encore des trésors
de gloire et de puissance amassés par les habiles
mains de Ximénès et de Charles ; mais sous Philippe II, sa marine, la première de l'époque, et
son commerce, qui ne fut pas moins important,
perdirent leur splendeur (1588). Philippe II, le représentant et le protecteur du catholicisme et de
la monarchie absolue, opprima les Moresques
(1568) ; combattit les Turcs (1570), sans profiter

2

cependant de l'éclatante victoire remportée sur eux
par don Juan d'Autriche, près de Lépante (7 octobre 1571); poussa (1565) les Pays-Bas à la révolte,
et prit une part active (depuis 1591) aux guerres
religieuses qui, grâce aux factions des Guises et
des Bourbons, ensanglantèrent la France sous Catherine de Médicis (depuis 1533 ; † le 5 janvier
1589), François II († 1560), Charles IX († 1574 ;
Saint-Barthélemy, 24 août 1572), Henri III († 1589)
et Henri IV. Ce dernier venait de vaincre la Ligue à
Arques (1589) et à Ivry (1590) ; le 22 mars 1594 il fit
son entrée dans Paris. La dissimulation et des mé-
nagements habiles furent le fond du caractère de
ce prince pendant son règne conciliant et difficile.
Le système économique de son ministre Sully tendait à agrandir l'impôt indirect sur les denrées, à
amasser de nombreux capitaux et à féconder les
ressources nationales. Quoique, par ses principes
de crédit, Sully se plaçât au-dessus de son époque, le
peuple ne fut pas soulagé ; il n'eut pas *la poule au
pot,* quoi qu'on en ait dit. Mais si le système de politique intérieure laissait à désirer, Henri IV était
dominé par de grandes idées de politique extérieure, par le désir de remanier l'Europe sur de
nouvelles bases. Son projet faisait reposer toute la

chrétienté sur un seul et même corps, qui se fût
appelé la *République chrétienne*, et qui devait
comprendre six monarchies héréditaires, cinq monarchies électives et quatre républiques souveraines, avec un conseil d'amphictyons siégeant à Metz,
à Nancy ou dans telle autre ville aujourd'hui également insignifiante, avec l'Empereur, souverain
électif, pour chef et premier magistrat, et le pape
pour arbitre. D'après ce projet, on aurait établi
toutes les dix-sept provinces des Pays-Bas, tant
les catholiques que les protestantes, en une république libre et indépendante, sauf un hommage
simple à l'empire d'Allemagne de 25 en 25 ans.
On eût grossi cette domination des duchés de Clè-
ves, de Juliers, de Berg, de la Marck, de Ra-
vestein et d'autres petites seigneuries voisines.

En face de Philippe II se posa Élisabeth,
reine d'Angleterre (1558-1603), la plus haute
expression du protestantisme et de la monarchie
aristocratico-démocratique pondérée. Son père,
Henri VIII (1509-1547), nourri de théologie et de
scolastique, défenseur de la foi, antagoniste de Luther, lui avait tracé la voie. Ce prince avait rompu
toute alliance avec le saint-siége, en consommant
son divorce d'avec Catherine d'Aragon, tante de

Charles-Quint (1529), et en se proclamant le chef
suprême d'une Église nationale, humble sous son
sceptre. L'administration d'Édouard VI († 1553)
avait complété la pensée de despotisme religieux
de son père ; mais de violentes réactions en faveur
du catholicisme avaient signalé le règne de Marie
(† 1558). Impérieuse et dure,, mais ferme et pru-
dente, la *royale vierge* Élisabeth éleva l'Angleterre
à une grandeur jusqu'alors inconnue, et fonda sa
prépondérance politique. Quoique son gouvernement fût arbitraire, elle ramena l'ordre au sein
de l'anarchie, encouragea l'industrie nationale, im-
prima un élan nouveau au commerce et fut la créa-
trice de la puissance maritime de l'Angleterre. Elle
soutint d'abord en secret, puis ouvertement (1587),
les Pays-Bas insurgés contre l'Espagne. Grâce à cet
appui, la Hollande secoua décidément le joug espagnol (1er avril 1572 ; 23 janvier 1579 ; 26 juillet
1581) ; ce que Guillaume d'Orange (assassiné le
10 juillet 1584) avait glorieusement commencé, fut
heureusement achevé par son fils, le vaillant Maurice,
et par le sage et patriotique Jean d'Olden-Barneveld.
Les gueux de mer se transformèrent en héros, le commerce de la république batave embrassa bientôt le
monde, et eut pour centre la compagnie des Indes

orientales (29 mai 1602), et l'importante station de
Batavia (1618). Dans la trêve de douze ans conclue
à Anvers (9 avril 1609), l'Espagne fut forcée de
reconnaître l'indépendance des Provinces-Unies. Elle
chercha des compensations à ses pertes immenses
dans l'invasion du Portugal, après la disparition du
roi Sébastien sur le sol de l'Afrique (1587). Cet État
avait été élevé à une étonnante splendeur par Emmanuel le Grand († 1521) et par Jean III († 1557) ; mais
ses colonies, son commerce, toute sa prospérité enfin
périt sous le joug ignominieux du despotisme
espagnol. Des plumes vénales ont fait le plus fas-
tueux éloge de Philippe II, à qui l'Espagne doit le
commencement de sa décadence et de ses malheurs.
Précipitée dans une suite de guerres sanglantes
par le zèle aveugle de ce prince, elle se vit enlever
une partie du magnifique héritage de la maison de
Bourgogne. La défaite et la dispersion de la célèbre
armada précipita sa ruine; ses finances s'épuisè-
rent par un mauvais système d'économie politique.
Les princes dont les règnes suivirent n'étaient pas
faits pour rendre à la monarchie espagnole son ancien éclat. Philippe III († 1621) était indolent et
peu capable ; Philippe IV († 1665) fut toujours
malheureux dans ses entreprises ; une révolution

2.

lui fit perdre (en 1640, 1er décembre) le trône
de Portugal, et Jean IV, de la maison de Bragance,
ceignit la couronne d'Emmanuel le Grand.

VI

La monarchie autrichienne s'était consolidée à
l'intérieur sous le prudent Ferdinand Ier († 1564),
et sous le bon Maximilien II († 1576) ; mais le gouvernement faible et mou du mélancolique Rodolphe II († le 20 janvier 1612) négligea les relations extérieures , et laissa croître au dedans
l'anarchie et la guerre civile. Les incertitudes et la
mauvaise foi de Mathias († 1619) ne remédièrent
pas à tant de maux. Ferdinand II monta sur le trône

à une époque où la *guerre de trente ans* (1619; 15 fé
vrier 1637) mettait en feu l'Allemagne et menaçait
de renverser la maison d'Autriche. Ses projets fa-
voris étaient l'extirpation du protestantisme et la
monarchie universelle. Les circonstances paraissaient opportunes. L'Autriche était fortement unie
à l'Espagne ; la France avait vu périr le magnifique système politique de Henri IV (assassiné le
14 mai 1610), au milieu des intrigues de la cour et
des révolutions du palais , sous le ministère du maréchal d'Ancre (assassiné le 24 avril 1617), et sous
celui du connétable de Luynes (1617-1621) ; l'Allemagne était sans consistance et sans union ; les
catholiques et les protestants se regardaient d'un
œil d'envie et de haine , et ces derniers étaient encore divisés entre eux-mêmes. Si les catholiques
avaient rassemblé leurs forces dans une ligue favorable à l'Empereur (10 juin 1609), les protestants
furent inactifs dans leur traité d'union. Les Provinces-Unies étaient déchirées par les querelles politiques et religieuses des arminiens et des goma-
ristes ; la Grande-Bretagne abandonnée aux débiles
mains de Jacques Ier (depuis le 28 mars 1603) ; la
Porte Ottomane aux abois et le Nord en discorde.

Après avoir forcé à la retraite les Bohèmes insur-

gés qui, désignés du nom d'*utraquistes*, assié-
geaient Vienne sous la conduite du comte de Thurn ,
Ferdinand II sut se faire couronner Empereur, en
1619, malgré leur opposition et celle de l'union
protestante. Il vainquit les Bohèmes ; chassa et
mit au ban de l'Empire (8 novembre 1620) l'électeur palatin Frédéric V, qu'ils s'étaient choisi pour
roi ; soumit les protestants aux plus cruelles per-
sécutions ; expulsa des milliers d'habitants in-
dustrieux, et déchira de sa propre main la lettre
impériale de Rodolphe II , qui assurait de larges
libertés religieuses à la Bohême. Le théâtre de la
guerre fut ensuite transporté au sein de l'Allemagne ; et après trente ans de combats et de massa-
cres , cette malheureuse contrée ne fut plus qu'un
vaste cimetière où triompha la mort. Jamais peut-
être les États de l'Europe ne s'étaient trouvés dans
une telle complication d'intérêts ; le principe du
protestantisme avait pris une empreinte politique
et territoriale. Sur les instances de l'Angleterre et
de la Hollande , Christian IV, roi de Danemark , se
lança dans la mêlée furieuse , espérant de pouvoir
briser les armes victorieuses des généraux autrichiens ; mais il fut battu (1625) par le baron T'Ser-
claes de Tilly, qui avait rempli l'Allemagne de sa

renommée , et par Waldtstein , duc de Friedland ,
tête romanesque et ambitieuse, qui rêvait le sceptre
et le globe de Charlemagne , génie étonnant qu'a-
vait oublié la Germanie du moyen âge. La cause du
protestantisme semblait perdue en Allemagne , et
déjà l'*édit de restitution* (6 mars 1629) annonçait à
ce pays un changement complet dans ses relations
sociales , lorsque le célèbre Gustave-Adolphe , roi
de Suède , jeta son gantelet de fer au milieu des
combattants et fracassa toutes les combinaisons
de la politique impériale. Les protestants formèrent
avec lui une ligue formidable , et les électeurs in-
voquèrent leurs libertés garanties par les lois fondamentales de l'Empire. Le cardinal de Richelieu
(1624-1642), qui venait de régénérer le cabinet
français et de vaincre le fédéralisme armé de l'aristocratie provinciale et du calvinisme républicain ,
s'associa à ce système de résistance et se fit le protecteur de l'insurrection des princes réformés.

Richelieu était dominé par deux idées conçues
d'une manière nette et tranchée : unité monarchique à l'intérieur, abaissement de la maison d'Autriche à l'extérieur. Il tenta l'impossible pour
faire entrer l'électorat de Bavière dans le mouvement politique auquel Gustave-Adolphe donnai¹

l'impulsion. Le duc de Saxe, le marquis de Brandebourg et l'électeur de Hesse se rallièrent à la
politique française , et bientôt le tonnerre de Brei-
tenfeld (7 septembre 1631) ébranla l'unité impériale et bouleversa la ligue catholique. Tilly , que
le sac de Magdebourg (10 mai 1631) avait rendu si
terrible, étonné d'une suite de défaites , ne résista
plus à la marche triomphale de Gustave-Adolphe.
Pour sauver l'unité catholique et allemande , Ferdinand confia de nouveau les armées impériales à
Waldtstein : alors se livra la bataille de Lutzen
(6 novembre 1632), dans laquelle le roi de Suède
fut frappé de mort. Des glorieuses mains de Gustave,
la couronne de Suède passa à Christine , sa fille ,
soutenue par les mesures vigoureuses du chancelier
Axel Oxenstierna. Un élève du roi , Bernard de
Weimar, se mit à la tête des armées suédoises, qui
furent de nouveau victorieuses, pendant que Waldtstein se tenait immobile , convoitant la couronne
de Bohême au détriment de la maison d'Autriche,
qui pénétra la pensée de l'orgueilleux duc de Friedland et s'en débarrassa par le poignard (25 février 1634).

L'influence des Suédois en Allemagne s'affaiblit
après la bataille de Nordlingue (6 septembre 1634) ;

mais le 25 avril 1635 Richelieu se déclara ouvertement contre la maison de Habsbourg. Ferdinand ne put opposer que Piccolomini et Jean de Werth à cette série de généraux d'élite suédois et français, à Bernard, Horn, Baner, Torstensohn, Wrangel, Charles-Gustave, Königsmark, Turenne et Condé. Ferdinand III, fils et successeur du précédent (1637-1657) se montra plus disposé à la paix que son père et moins dévoué aux intérêts de l'Espagne appauvrie et débile. Ce qui contribua surtout à l'entretenir dans ses sentiments pacifiques, ce furent les défaites successives que, depuis 1641, les généraux suédois firent essuyer à ses troupes. Cependant Richelieu venait de mourir en France (12 septembre 1542), et l'opinion qui triompha sous Mazarin, son successeur, fut celle de la paix. Un congrès, sollicité par toute l'Europe, se réunit à Munster et à Osnabruck (11 juin 1645) et donna à l'Europe le fameux *traité de Westphalie* (24 octobre 1648). Les ambassadeurs de la France à Munster étaient le comte d'Avaux et Servien; ceux de la Suède à Osnabruck, Oxenstierna (fils du chancelier) et Salvius. Parmi les ambassadeurs de l'Autriche le plus influent fut le comte de Trautmannsdorf. Dans ce fameux traité, la république

des Pays-Bas-Unis , le premier des États commer-
çants de l'Europe , maître absolu des Indes orientales depuis 1623, dirigeant les relations des Indes
occidentales depuis 1621, régnant sur la Baltique
et sur le Rhin, fut déclarée entièrement indépendante de l'empire germanique. La même déclaration fut étendue à la Suisse. La France reçut la
cession de l'Alsace, soustraite à la possession de l'Autriche : on la confirma dans la possession de Metz,
Toul et Verdun , et de Pignerol en Piémont ; en
outre , elle conserva le droit de garnison à Philips-
bourg. La Suède obtint la Poméranie occidentale ,
l'île de Rugen, une portion de la basse Poméranie,
Wismar, Brême et Verden. Pour former une masse
d'indemnités , on eut recours à la sécularisation de
la plus grande partie des biens ecclésiastiques si-
tués dans les États devenus protestants : parmi les
puissances étrangères, la France et la Suède furent
les seules à recevoir des indemnités. La liberté de
conscience fut proclamée en Allemagne, la puissance
impériale resserrée dans d'étroites limites, l'entière
souveraineté des divers États germaniques proclamée , mais l'unité de l'Allemagne anéantie , les
forces nationales brisées.

Après la mort de Richelieu , un autre prélat,

élevé dans ses principes et adoptant sa politique ,
mais plus souple , plus cauteleux , plus occupé de
sa fortune personnelle , se présenta pour le rem-
placer, en même temps qu'un enfant de quatre ans
et demi, Louis XIV, succéda à son père. Pendant
son enfance et son adolescence (1643-1661), Louis
laissa Mazarin régner à sa place. Ce cardinal italien
prétendait tout niveler; mais la nation n'avait point
perdu les habitudes de la résistance : la guerre de
la Fronde (1643-1653) s'engagea pour des motifs
qui n'étaient pas sans gravité. De la part d'un petit
nombre d'hommes d'élite , cette période orageuse
de dix ans fut la tentative d'établir un équilibre
constitutionnel; pour le grand nombre, ce fut le
dernier effort de la féodalité et du provincia-
lisme à leur déclin. La déclaration du 24 août 1648
posa la première base d'un gouvernement légal ;
mais le défaut de lumières politiques dans les cours
souveraines de la magistrature, l'esprit factieux de
la noblesse, joint aux prétentions exagérées des princes et aux défiances des conseils de la couronne,
empêchèrent alors ces diverses influences de prendre cette déclaration pour boussole et de balancer
leur action dans des limites constitutionnelles. De
ces oppositions sortit une guerre civile. Après une

période de quatre ans, marquée par des alternati-
ves de combats et de trêves, par la fuite de la cour,
par l'emprisonnement des princes, tour à tour ses
alliés et ses ennemis, les parlements, opprimés par
les grands seigneurs, et les peuples ruinés de-
mandaient la paix à tout prix, et Mazarin rentra
triomphant (3 février 1653). Appuyé par l'Angleterre, ce ministre continua la guerre de la France
avec l'Espagne jusqu'à la paix des Pyrénées (7 novembre 1659), laquelle assura à la première de ces
puissances le Roussillon, l'Artois et une partie de
la Flandre, et prépara le mariage de Louis XIV
avec Marie-Thérèse d'Espagne, fille de Philippe IV.

VII

La situation politique de l'Angleterre, à cette époque, était remarquable et mérite d'être étudiée. Placée dans des circonstances particulières, Élisabeth avait favorisé le protestantisme et prêté les mains à son établissement. Elle avait bien senti qu'elle perdait par là de précieuses garanties de son autorité absolue, mais elle avait espéré les retrouver dans la hiérarchie et les formes de l'Église anglicane. Soigneuse de persécuter le puritanisme naissant, elle avait étouffé les conséquences immé-

3.

diates d'une révolution qui devait porter ses fruits
plus tard. Quant à ses parlements, elle sut réprimer avec hauteur leurs velléités d'indépendance.
Cet héritage de Henri VIII, si sévèrement adminis-
tré par sa famille, ne passa que dilapidé des mains
de Jacques Ier à celles de Charles Ier. A l'avénement
de ce dernier, un des traits les plus remarquables
de la physionomie politique du pays était le caractère indécis et vague des droits reconnus au peuple,
de la législation commune, du rôle des parlements,
de l'autorité royale elle-même ; toutes les attributions, toutes les prérogatives se confondaient dans
un désordre inexprimable, faute de limites rigou-
reusément tracées. La nation cependant commençait à acquérir la conscience de ses forces et surtout
de ses droits ; l'esprit d'indépendance religieuse
s'élevait hardiment contre l'Église établie, dont on
comprenait le rôle gouvernemental ; et le parlement, organe fidèle des appréhensions et des res-
sentiments populaires, ayant, au milieu de l'incer-
titude de ses attributions, retenu le droit de
consentir les impôts, se sentait porté à user d'une
arme si puissante. De son côté, le roi, épris à l'égal
de ses prédécesseurs des hautes prérogatives de la
couronne, et s'irritant de l'autorité rivale des par-

lements, combattit avec trop peu de probité dans
le choix des moyens, et tomba dans le gouffre de
ces révolutions que n'évitent point les sociétés où
le droit méconnu veut enfin parvenir à la puissance
du fait. Charles Ier, condamné à mort comme
tyran, traître, meurtrier, ennemi de la commu-
nauté, eut la tête tranchée le 30 janvier 1649.
Après la victoire, les ennemis de la royauté se di-
visèrent. Les *presbytériens* parlaient de modération,
mais dans leurs rangs mêmes s'était formé un nouveau parti, épris de théories républicaines, ambitieux de les réaliser. Tels étaient les *indépendants,*
dont le chef le plus décidé fut Olivier Cromwell (né
le 3 avril 1603, † le 3 sept. 1658), qu'un conseil
d'officiers nomma *protecteur* de la république d'Angleterre. Cromwell prit le titre d'altesse, brisa la
résistance des communes et inscrivit sur le fron-
tispice de Whitehall cette sentence de la victoire
moqueuse : *Chambre à louer.* Ce gouvernement despotique accorda cependant la liberté de conscience,
fut sobre de vexations personnelles, rappela l'ordre
dans l'État, la régularité et l'économie dans l'administration. Il fut vigilant, modéré, puissant. C'est
le côté grandiose du règne de Cromwell. L'Europe
entière ployait sous lui. L'Espagne et la France,

dont la lutte durait depuis un siècle, briguaient
son alliance. Il se décida pour la dernière, tenté,
sans doute, par l'espoir de quelque riche capture
dans les possessions indiennes de l'Espagne. Il
battit devant Cadix la flotte espagnole, s'empara
de la Jamaïque (1655) et enleva à l'Espagne ses
galions chargés d'or. L'*acte de navigation* (1651)
agrandit le commerce anglais. La Hollande, alors
dans toute sa splendeur maritime, eut peine à
soutenir la lutte. Les flottes du Protecteur cou-
vraient l'Océan, la Méditerranée, et jetaient l'épou-
vante dans Rome ; il devait, disait-on, former une
ligue protestante contre la catholicité. Il s'était fait
l'arbitre de l'Europe. C'était tantôt le roi de Pologne, tantôt le vayvode de Transylvanie qui im-
plorait ses secours. Gênes lui envoyait une ambas-
sade solennelle ; il s'interposait en faveur des
Vaudois persécutés. Il faisait supplicier sous ses
yeux le frère de l'ambassadeur portugais, pour un
meurtre qu'il avait commis à Londres. La France,
son alliée, prenait (1657) Dunkerque d'assaut pour
lui en faire hommage. Dans ses traités, il signait
au-dessus de Louis XIV, qu'il n'appelait que le roi
des Français et qui se tenait découvert devant ses
ambassadeurs.

VIII

Dans le Nord, Christian II chercha à secouer violemment le joug d'une aristocratie cruelle et oppressive ; mais cette tentative lui coûta la Suède, qui, en 1523, se retira de l'union de Calmar, et bientôt après il perdit aussi le Danemark et la Norwége, qui le détrônèrent et choisirent pour roi son oncle paternel Frédéric Iᵉʳ. Sous celui-ci (1523-1533), l'aristocratie devint toute-puissante et le servage légal. Par les traités de paix conclus

avec la Suède à Rœskilde en 1648, et à Copenha-
gue en 1660, le Danemark perdit la Scanie, le
Bléking et le Bahus, ce qui amena la fameuse
révolution offrant la contre-partie de la plupart
des autres, par laquelle le peuple renonça aux
institutions représentatives et remit aux mains
du roi le pouvoir absolu avec l'hérédité de la couronne (1660). — La Suède se réorganisa sous la
main de fer de Gustave Wasa (1523-1560), le créa-
teur de la prépondérance politique que ce royaume
acquit et conserva dans les siècles suivants. Aux
règnes de son fils Éric XIV, qui fut déposé en 1568 ;
de Jean III, qui entreprit une guerre ruineuse contre la Russie ; de Sigismond, qui fut élu roi de
Pologne, et qui essaya vainement de rétablir le
catholicisme en Suède ; de Charles IX, qui fut con-
tinuellement en guerre avec la Russie, succéda le
règne glorieux de Gustave II Adolphe (1611-1632),
qui mit un terme aux hostilités dans lesquelles la
Suède était fatalement impliquée avec tous ses voisins. Sa fille Christine, dont le beau génie avait une
tournure extraordinaire et romanesque, continua
de régner avec gloire, jusqu'à ce que, fatiguée
du pouvoir, elle céda le trône, en 1654, à son
cousin Charles X Gustave († 1660), fils du duc de

Deux-Ponts, qui eut plusieurs succès militaires.

La puissance de la Russie fut fondée par Ivan II Wasiljewitch (1533-1584), qui prit une part activ aux affaires du Nord ; ce fut sous son règne que commença (1578 et suiv.) l'aventureuse conquête de la Sibérie par le brigand Jermak († 1584). Après la mort de son fils Féodor Ier (1598) l'empire fut ébranlé par des dissensions intestines jusqu'à ce qu'avec Michel Fédrowitch (1613-1645), la maison de Romanow monta sur le trône.—La Pologne, si puissante, si redoutée sous Sigismond Ier (1506-1548) et sous Sigismond II († 1572), tomba en décadence avec l'extinction de la race des Jagellons (1572); elle devint un royaume électif qui souffrit autant par les intrigues de l'étranger que par les factions de l'intérieur, et fut exposée à toutes les horreurs d'une sanglante anarchie d'aristocrates. Déjà l'élection du méprisable Henri de Valois (1572) fut de mauvais augure. En apprenant la mort de son frère Charles IX, il quitta précipitamment le pays qu'il avait été appelé à gouverner. L'unanimité des votes se porta ensuite (1575) sur le duc de Transylvanie, Étienne Batory, qui épousa Anne, sœur de Sigismond II, et qui fit preuve de grandes capacités politiques et militaires. Après la mort de Batory, la couronne fut offerte, en 1587, à Sigismond Wasa, prince royal de Suède. Il régna sous le nom de Sigismond III ; son intolérance et ses relations de famille préparèrent la ruine de l'État. Le règne de Vladislas IV, son fils (1632), fut plus brillant sous beaucoup de rapports ; mais cet éclat n'empêcha point que sous Jean II Casimir (1648-1669) tous les symptômes d'une prochaine décadence n'arrachassent, en 1666, à la prévision de ce prince des prophéties sinistres. Jean-Casimir fut humilié par les ennemis du dehors et il n'eut pas la force de s'opposer à l'insolence toujours croissante des grands. Le funeste veto, ce principe destructif de toute unité, fut généralement mis en pratique (1652).

Le point de contact pour les relations politiques des États du Nord fut la Livonie, qui, menacée par la Russie (1502-1558), prêta, sous son grand-maître Gothard Kettler, foi et hommage à la Pologne (1561), tandis que l'archevêque de Riga se soumit à la Suède (1562). Après cent ans de guerres presque continuelles, le traité d'Oliva, en 1660, rendit la Suède maîtresse de l'Esthonie et de la Livonie ; la Courlande resta soumise à la suzeraineté de la Pologne. Cette même paix assura à l'électeur de Brandebourg, Frédéric-Guillaume

(1640-1688), l'indépendance du duché de Prusse.

Soliman II († 1566) avait été le dernier grand empereur qui eût régné sur les Turcs ; ses successeurs, lâches, cruels ou débauchés, furent malheureux dans la guerre ou périrent dans les révoltes des janissaires. Sous Mahomet IV (1648-1687), les vizirs Mahomet et Ahmed Kiuprili relevèrent momentanément l'éclat des armes de la Turquie. — Les États barbaresques, fondés dans le nord de l'Afrique par les frères Horuk et Schéreddin-Barberousse (1504) , reconnaissaient, depuis 1518, la suprématie de la Sublime Porte ; Tripoli était gouverné par un pacha du Grand Seigneur ; Tunis (depuis 1576) et Alger (depuis 1627) obéissaient à des deys nationaux ; Fez et Maroc étaient soumis, depuis 1550, à des chérifs de la famille de Saadi, à laquelle succéda, en 1654, une dynastie d'Alides.— Le trône de Perse était occupé depuis 1508 par les descendants de l'alide Ismaël Sophi. — La Chine , dont l'empire s'étendait sur le Thibet (depuis 1580), fut conquise par la dynastie des Mautchoux (1644). Le christianisme s'y était introduit depuis 1635. Le Japon avait été civilisé par la Chine ; en 1617 , ce pays brisa presque en entier les relations qu'il avait nouées avec l'Europe depuis 1541.

CHAPITRE II.

PRÉPONDÉRANCE FRANÇAISE.

1660 - 1700.

IX

Le traité des Pyrénées avait mis fin aux grandes guerres entre la France et l'Espagne, comme le traité de Munster avait posé un terme aux longues rivalités de l'Empire et du nord de l'Europe. L'intervention de la religion dans la politique avait déterminé le caractère et les grands événements du xvi° siècle et de la première moitié du xvii°. A dater du siècle de Louis XIV, l'histoire fut soumise à une nouvelle influence, celle des intérêts du

commerce. Les gouvernements ne tardèrent pas à
vouloir diriger eux-mêmes les travaux de leurs
peuples et les conduire dans leurs entreprises commerciales ou industrielles : de là les fabriques pri-
vilégiées, les tarifs de douanes, les interdictions
d'entrée ou de sortie pour certaines marchandises.
Cette manière d'entendre et de régler les relations
des États, rationnelle à une époque où tout était
naissant et faible dans l'industrie, produisit plus tard
les effets les plus funestes. Pendant la paix, il en résulta, d'une part, une méfiance continuelle, chaque
État se croyant lésé par son voisin, si celui-ci lui
fermait l'entrée de quelques-uns des produits de
son industrie ; d'autre part, il s'éleva entre les
diverses puissances un sentiment de jalousie, qui
croissait d'autant plus que l'une d'entre elles faisait de plus grandes affaires : cette rivalité, si mal
entendue, n'amena que trop souvent les guerres les
plus sanglantes. On avait déjà des armées per-
manentes ; mais cet état de la société et des nations
entre elles amenant des relations beaucoup plus
multipliées, les armées devinrent plus nécessaires
et acquirent une plus grande importance sous le
règne de Louis XIV et celui de Frédéric II. Les batailles n'en furent point diminuées et la morale des

peuples et des gouvernements n'y gagna rien.
L'organisation plus régulière du système des ambassades contribua beaucoup à resserrer les relations des divers États. Le cardinal de Richelieu
avait donné à toutes les grandes cours l'exemple
de maintenir des ambassades fixes, même chez les
plus petits princes, et ceux-ci en adoptèrent successivement l'usage. Le domaine des négociations
publiques fut surchargé d'une foule de détails et
souvent même grevé de toutes les conséquences
fâcheuses que peuvent entraîner les mécontente-
ments ou les inimitiés personnelles. On mettait, à
cette époque, un grand prix aux questions de pré-
séance; c'était un temps tout de formules d'éti-
quette; mais on ne doit pas croire que ces usages
fussent puérils. Dans les difficultés diplomatiques,
la question de savoir si un ambassadeur aurait le
pas sur un autre décidait souvent de la supériorité
d'un cabinet.

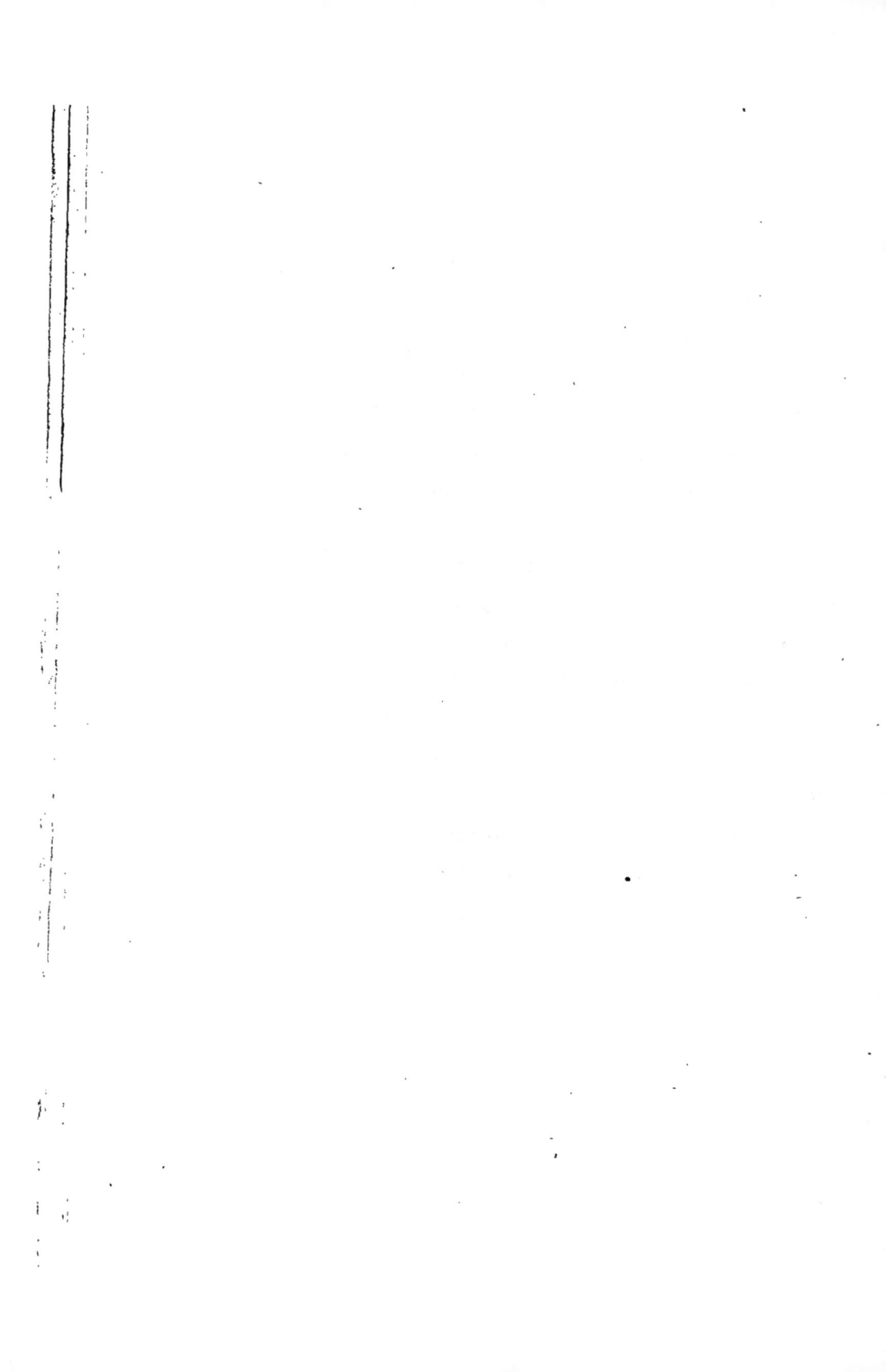

X

LOUIS XIV.

Pendant cette période, la population, l'étendue et la situation de la France concouraient à en faire le plus puissant État de l'Europe. Louis XIV, après la mort de Mazarin, régna encore cinquante-quatre ans par lui-même (1661-1715) ; il poursuivit avec constance, avec habileté, les projets des ministres qui étaient venus avant lui, pour concentrer en sa seule personne toute autorité , pour faire dispa-raître de la France non-seulement toute opposi-

tion , mais tout sentiment d'indépendance. Richelieu avait humilié les grands seigneurs ; Mazarin ,
les parlements : il ne restait à Louis XIV que de
ranger à l'obéissance la noblesse, et il entreprit de
le faire , non en l'humiliant, mais en la ratta-
chant par la vanité à sa monarchie. Ses prétentions si fatales à l'Espagne et à l'Allemagne (droit
de dévolution, 1667; chambres de réunion, 1680)
trouvèrent un solide appui dans les formidables
armées conduites par Turenne († 1675) , Condé
(jusqu'en 1676, † 1686), les maréchaux de Luxembourg († 1695), de Vauban (1668 ; † 1707) et
d'autres également remarquables. Il affaiblit la
puissance déjà languissante de l'Espagne (depuis 1668) ; gagna des princes allemands par des
dons et des promesses; enleva Strasbourg (le 30 septembre 1681) ; menaça (depuis mai 1672) les Provinces-Unies de ruine et de destruction ; ravagea
le Palatinat (1688) ; fit sentir la pesanteur de son
bras à Alger (1682, 1683, 1688) , Tunis et Tripoli
(1685) ; et Gênes (1684), et Rome (1662 , 1673 , le
19 mars 1682, 1687), tremblèrent devant sa puissance. Louis XIV, grâce à un heureux concours de
circonstances , porta la France , dans la partie la
plus brillante de son règne, jusqu'à la paix de

Nimègue (10 août 1678), à la plus grande gloire
qu'elle eût encore acquise. Tandis qu'elle était victorieuse dans tous les combats, qu'elle donnait des
lois à l'Europe dans tous les traités, elle se signa-
lait encore dans les lettres, dans la diplomatie,
dans la jurisprudence, dans les beaux-arts, dans
les manufactures et le commerce ; et Louis XIV eut
le talent de se placer au centre de cet éclat, de
s'identifier avec la gloire française, d'être le dis-
tributeur de toute distinction. Doué d'un tact
délicat, d'une grande dignité dans les manières, il
était fait pour représenter sans cesse et pour faire
admirer par le peuple cette représentation. Il n'eut
aucun besoin de menacer, de violenter la noblesse,
pour la tirer de ses châteaux forts, la détacher
de ses vassaux ; il lui suffit d'ouvrir ses anti-
chambres, et tous ces fiers barons se changèrent
en courtisans, sans s'apercevoir qu'ils avaient
perdu de leur importance.

Quand on étudie la littérature française de ce
siècle, on y trouve deux écoles bien distinctes : celle
de la liberté et celle de l'autorité, de la royauté.
Corneille, vieux frondeur, est un admirateur fer-
vent de la république romaine; sa Muse porte le
laticlave et vit au forum. A côté de Corneille se

place naturellement la Fontaine, qui, dans ses
apologues, fait éclater de vives sympathies pour la
liberté. La Rochefoucauld appartient à la même
école ; la société tout entière excite la profonde indignation de l'auteur des *Maximes* ; il s'en prend au
genre humain de la triste perte de l'indépendance
des gentilshommes. La Rochefoucauld est l'école
philosophique de la Fronde. Mais l'éclatante autorité de Louis XIV a aussi ses défenseurs zélés.
Boileau est l'écrivain qui a élevé le plus haut l'a-
doration du pouvoir, le culte de la royauté. Racine
comprend ce pouvoir sous des formes plus douces ;
poëte religieux, il vient jeter une teinte biblique
et colorée sur les faiblesses du roi. Les comédies
de Molière , empreintes des vieilles études de Mé-
nandre et de Plaute, furent des pamphlets piquants
dirigés , sous les auspices de Louis XIV, contre la
Fronde provinciale , l'esprit bourgeois et gentil-
lâtre. Dans ce conflit de deux opinions, il y avait
aussi une école littéraire de gentilshommes. Ma-
demoiselle de Scudéry en fut le représentant. Ma-
dame de Sévigné se posa comme l'esprit de la vie
de château et de province ; frondeuse conver-
tie , elle avait retenu l'esprit de la société Scarron
et de l'hôtel Lesdiguières. Louis XIV avait la con-

viction profonde que les gens de lettres sont une puissance, et de là ses soins attentifs pour régner sur ce qu'on appelait alors la république du Parnasse. Richelieu avait fondé l'Académie française pour centraliser la langue et se donner des auxiliaires dans la lutte de pamphlets qu'il dirigeait contre ses ennemis. En fondant (1663) l'Académie des inscriptions et médailles, Louis XIV voulut perpétuer les merveilles de son règne, et avoir sous ses mains une histoire toute prête, des flatteries gravées et ciselées sur le bronze (1666). Puis vinrent les fondations de l'Académie des sciences, de celle de peinture et de sculpture (1671), et de celle de musique. Toutes les sciences humaines, étant ainsi classées sous une direction et une règle commune, se rattachaient au système monarchique, qui ne voulait laisser indépendante aucune des idées de la société.

Le commerce et l'industrie de la France reçurent une impulsion tout à fait nouvelle par le génie de Colbert. Grâce aux talents de cet habile ministre, des manufactures s'élevèrent de toutes parts dans les différentes provinces du royaume. Sous lui aussi la marine militaire prit un tel accroissement que la France devint bientôt l'égale de l'An-

gleterre sur les mers. Colbert ne se borna point à
créer des institutions, il s'efforça de les rendre du-
rables à l'aide de règlements délibérés et rédigés par
les hommes les plus éclairés. Ce fut ainsi qu'il fit
paraître successivement l'ordonnance de la marine,
le code marchand, le code noir et l'ordonnance civile de 1667.

Revenons à Louis XIV. Même dans la période la plus glorieuse du *grand règne*, lorsque
tout Français confondait sa gloire avec celle du
grand monarque, lorsque aucune distinction ne lui
paraissait possible que celle qui était sanctionnée
par la cour, la politique de Louis XIV fut sans
bonne foi, sans respect pour les droits d'autrui ou
pour les traités ; ses guerres furent injustes, cruelles, ruineuses pour ses voisins, ruineuses pour la
France qui s'y épuisait. Sa domination religieuse
fut oppressive même pour les catholiques ; mais
les Français ne se permettaient point de juger leur
roi : ils plaçaient leur gloire et leur conscience
dans la soumission, et les plus honnêtes gens n'é-
prouvaient ni hésitation ni remords à exécuter des
ordres que les lumières du siècle suffisaient pour
condamner. La paix de Nimègue (10 août 1678),
qui avait porté Louis XIV au faîte de sa puissance,

fut aussi l'origine de ses malheurs en l'accoutumant
à tout oser, à tout mépriser. Dès lors, il ne cessa
de provoquer la jalousie, le ressentiment et la haine
de l'Europe. Ses prétentions à la dictature universelle éclatèrent dans la paix de Saint-Germain
(29 juin et 2 septembre 1679) et dans la trève de
Ratisbonne (15 août 1684), et il n'y renonça pas
même à Ryswick (29 septembre et 30 octobre 1697),
nonobstant l'épuisement de la France et la destruction presque totale de sa marine près de la Hogue
(31 mai 1692).

La France avait trouvé une alliée fidèle dans la
Suède. Le traité de Saint-Germain restitua au roi
Charles XI (1660-1697) tout ce que les chances de
la guerre avaient fait perdre à ce pays. Charles
employa les années de paix que ce traité lui valut,
à rendre son autorité despotique et son armée formidable ; et, sur la fin de son règne, il était de-
venu si puissant que ce fut sous sa médiation que
s'ouvrit le congrès de Ryswick, qui avait pour but
de pacifier l'Europe. Christian V de Danemark aussi
se déclara, en 1680, pour la France. Louis XIV
sut mettre dans ses intérêts les ministres des
Stuarts, rappelés sur le trône d'Angleterre, de
Charles II (1660-1685) et de Jacques II (1685-1688),

qui voulaient gouverner sans contrôle, à la manière du roi de France. La Turquie, une grande partie de l'Italie, du Portugal et plusieurs princes d'Allemagne avaient subi l'influence de la politique française.

XI

Les adversaires les plus malheureux de la France furent l'Espagne, sous Charles II (1665-1700), dernier prince d'une race dégénérée, et l'Autriche, sous Léopold Ier (1658-1705), qui, par son excessive sévérité, irrita la Hongrie (1674) et la Transylvanie (1701), et attira (1683) les Turcs sur Vienne. Cette ville ne dut sa délivrance qu'à la vaillante épée de Sobieski, de ce Jean de mémoire immor-

telle, de. qui l'Allemagne peut dire : « Il fut un
homme venu de Dieu pour me délivrer. »

Les États-Généraux de Hollande , en se portant
comme médiateurs dans la paix d'Aix-la-Chapelle
(2 mai 1668), n'avaient pas calculé les conséquences inévitables de cette situation. Il en résulta que,
quelques mois après la conclusion,du traité, il fut
déjà question, dans les conseils de Louis XIV, d'une
expédition contre les Provinces-Unies pour venger
certaines insultes qui, disait-on, avaient été com-
mises par ces fiers républicains contre le roi de
France. C'était là un prétexte ; mais ce qui tentait
l'ambition de Louis , c'était ce territoire magique-
ment créé, cette formidable marine, ces grands
arsenaux qui s'étendaient d'un bout à l'autre du
Zuyderzée. Quand le manifeste de guerre fut lancé
contre la Hollande , les États-Généraux n'étaient
pas préparés à la résistance. Depuis leur affran-
chissement de l'Espagne , les Hollandais n'avaient
pas eu de guerre sérieuse ; ils avaient songé , dès
lors , à agrandir leurs colonies , à multiplier
leurs comptoirs ; une longue paix leur avait fait
négliger tous les arts des batailles ; les places fortes
avaient à peine garnison. Le parti bourgeois et pu-
ritain du vertueux citoyen Jean de Witt, qui ,

grâce à la triple alliance formée par W. Tempel
(23 janvier 1668), avait paralysé les premières tentatives de Louis contre l'Espagne, lutta contre le
parti militaire et féodal du prince d'Orange, et les
méfiances des marchands contre les comtes et barons
d'origine allemande, affaiblirent tous les éléments
de résistance. Le prince d'Orange ; qui visait
au stathoudérat héréditaire, en finit avec Jean et
Corneille de Witt, ces nobles défenseurs des libertés nationales; tous les deux condamnés au bannis-
sement, ils tombèrent massacrés par le peuple uni
aux nobles (20 août 1672). L'électeur de Brandebourg et d'autres princes de l'Empire, ainsi que
l'Autriche et l'Espagne, signèrent un traité d'alliance offensive et défensive avec le prince d'Orange
et déjouèrent les projets ambitieux de Louis XIV.

Guillaume III d'Orange (né en 1650 ; † le 8 mars
1702), nommé stathouder au milieu des plus grands
périls de la patrie (2 juillet 1672), devint l'âme
du système antifrançais (6 février 1683, 9 juillet
1686, 12 mai 1689, 1702), si favorable à la grandeur naissante de l'Angleterre et à la prospérité
commerciale de la Hollande. Le 23 décembre 1688,
ce prince opéra cette fameuse révolution d'Angleterre qui détrôna le dernier des Stuarts. Il

est utile, quand on médite l'histoire, de mettre
en présence la révolution d'unité dans l'Église
gallicane préparée par la révocation de l'édit
de Nantes (18 octobre 1685), et la révolution
d'unité dans l'Église anglicane opérée par l'avénement de Guillaume III. Ces changements sont
deux faits d'intolérance à côté l'un de l'autre ;
Louis XIV ramène l'unité religieuse par la persécu-
tion contre les huguenots, comme les communes
d'Angleterre ramènent l'unité par les actes contre
les catholiques et les *dissenters*, en vertu de la
même tendance. C'est que la société était alors aux
prises sur un principe religieux ; les lois de tolé-
rance n'étaient pas possibles, parce qu'elles n'é-
taient pas compatibles avec les besoins politiques
de la situation ; les catholiques prirent les armes
en Irlande, comme les huguenots dans les Cévennes
par le même mobile. Jacques II, qui avait sollicité
de son parlement la liberté de conscience, fut
obligé de s'enfuir d'Angleterre, parce qu'on avait
aperçu une petite chapelle catholique et qu'il avait
souffert quelques moines dans son palais ; les ministres protestants quittèrent la France, parce qu'ils
voulaient prier paisiblement dans leurs temples.

Ce furent les efforts du grand électeur de Bran-

debourg, Frédéric-Guillaume, marié à la princesse
d'Orange, Louise-Henriette, qui décidèrent l'empereur, le Danemark, Hesse-Cassel et d'autres
princes allemands à se déclarer pour la Hollande
contre la France. Au mois d'août 1674, Frédéric fit
sa jonction avec les Impériaux. Leur général en chef,
Bournonville, évita la bataille que Frédéric-Guillaume appelait de tous ses vœux, et Turenne,
après avoir reçu des renforts, défit les Allemands
près de Mulhouse dans le Sundgau, et les obligea
à quitter l'Alsace. L'électeur prit ses quartiers
d'hiver en Franconie, et avec 5,600 hommes il
défit 11,000 Suédois dans la bataille de Fehrbelin
(18 juin 1675) et commença, par cette victoire, la
grandeur militaire de sa maison. Frédéric-Guillaume favorisa de tout son pouvoir, dans ses États,
l'agriculture et l'éducation du bétail. La protection
qu'il accorda aux Français réfugiés enrichit son électorat de 20,000 habitants laborieux, qui y établirent
des fabriques et des manufactures et défrichè-
rent beaucoup de terres arides. Si le fort qu'il fit
construire sur la côte d'Afrique par le major Gro-
bern, et qui fut appelé de son nom Friedrichsbourg,
ne répondit pas aux espérances qu'en avait conçues la société africaine fondée par lui, cette

tentative fut au moins une preuve de son désir
d'étendre les relations commerciales de la Prusse.
Sous son règne, Berlin s'embellit de plusieurs éta-
blissements publics et de monuments remarquables ; c'est à lui que cette ville est redevable de sa
bibliothèque, et Duisbourg de son université,
établie en 1655. Il mourut le 29 avril 1688 à Pots-
dam, laissant à son fils Frédéric Ier un pays bien
organisé et considérablement agrandi, un trésor
de 650,000 écus prussiens et une armée bien exer-
cée de 28,000 hommes.

XII

Le traité d'Oliva avait réglé, le 23 avril 1660, les relations politiques des États scandinaves. En Suède régnait ce Charles XI, roi populaire et tyran de l'ordre de la noblesse. Il était tout-puissant ; le clergé, les bourgeois et les paysans lui avaient donné le pouvoir, et Charles l'avait employé à courber avec violence la tête hautaine des nobles. En Danemark, Frédéric III eut pour successeur Christian V (1670-1699) qui, en 1675, commença

une guerre acharnée contre la Suède. La flotte
danoise gagna les batailles d'Œland, de Gottland
et de Kioge ; mais par terre les succès furent très-
variables : Charles XI remporta sur Christian V la
sanglante victoire de Lund et le défit d'une manière
décisive près de Landscrona. Christian eut néan-
moins quelques succès en Allemagne ; mais abandonné par ses alliés et menacé par une armée
française, il fut obligé de rendre, à la paix de Fontainebleau en 1679, toutes ses conquêtes. Après
avoir publié le code danois et norwégien, et après
beaucoup de querelles avec les ducs de Holstein et
les Hambourgeois, Christian mourut, et eut pour
successeur Frédéric IV.

La Pologne fit un pas de plus vers sa décadence sous l'inepte Michel Thomas Koributh Wies-
niowieki (1669-1673). Son successeur, Jean III
Sobieski, aussi grand capitaine que mauvais
politique, releva au dehors la gloire des armes
polonaises, mais ne fit rien pour l'intérieur.
Appelé en 1683 au secours de Vienne assiégée par
les Turcs, la victoire mémorable qu'il remporta
sous les murs de cette capitale délivra l'Empire,
sauva la chrétienté, fit restituer à la maison
d'Autriche la Hongrie dont les Turcs possédaient

la'plus grande partie, mais ne profita point à la Pologne.

En Russie, Alexis Mikaëlowitch s'occupa activement de la civilisation et de la prospérité de ses peuples. Il fut le premier czar qui entretint des relations suivies avec les autres puissances de l'Europe. Né en 1630, il mourut en 1676. La nation russe était encore tout orientale ; son organisation orageuse, ses révoltes de strélitz, ses mouvements de palais, la rapprochaient beaucoup des mœurs et des habitudes ottomanes. Le successeur d'Alexis fut Ivan III, qui régna en commun avec son frère Pierre dit le Grand, jusqu'en l'année 1689. Les armées russes se dirigeaient tout entières vers la Crimée ; la préoccupation de la Russie était alors de dompter la race tatare et cosaque pour s'ouvrir un débouché vers la mer Noire. Pierre, aidé de l'officier génevois Lefort, commençait son immense carrière de travaux militaires, s'essayant comme un simple soldat au maniement des armes.

De cette époque date la gloire militaire du prince Eugène de Savoie. En 1697, le sultan Mustapha II s'étant avancé vers le Danube pour soutenir Tékéli qu'il avait couronné roi de Hongrie, Eugène fut envoyé contre lui avec une armée de

50,000 hommes. Il l'atteignit près de Zentha
(11 septembre) et le défit : 30,000 Turcs tués ou
noyés, l'artillerie et les équipages du sultan pris
ou anéantis, 27 pachas et le grand vizir Elmas
restés sur le champ de bataille, tels furent les ré-
sultats de cette grande journée. Aux opérations
militaires succédèrent les négociations, et le 26 janvier 1690 se conclut à Karlowitz un traité par lequel
les Turcs cédèrent à Léopold Ier la Transylvanie,
et aux Polonais la Podolie, l'Ukraine et la ville de
Kaminiec. Le czar Pierre conserva Azof, dont il était
déjà maître, et les Vénitiens gardèrent Sainte-
Maure, des places en Dalmatie et la Morée, conquise
par leur doge Morosini. Quant aux Hongrois, ils
aimèrent mieux se faire sujets des Turcs que d'ac-
cepter les conditions que leur offrait l'Empereur.

CHAPITRE III.

ÉQUILIBRE POLITIQUE EN EUROPE.

1700 - 1789.

XIII

COUP D'OEIL GÉNÉRAL.

Louis XIV avait trouvé un redoutable adversaire dans Guillaume III, prince d'Orange et roi d'Angleterre. Guillaume s'était fait le symbole d'une idée, d'un principe, d'une résistance fondée sur un parti vivace, qui était la réforme. Louis XIV, c'est la monarchie puissante, gouvernementale, catholique ; Guillaume III, c'est le régime aristocratique pondéré, représentatif ; c'est l'Église anglicane et la force des lords possédant les fiefs des vieux monastères, la couronne et la propriété du sol anglais. Ce fut de la lutte engagée par ces deux souverains

6.

que sortit le fameux système de l'*équilibre politique*.
Dans les rapports qui existaient entre les puissances, dans leur attitude respective, on avait dès
longtemps cherché à saisir un principe d'ordre et
d'unité, quelque fait réel qui servît de régulateur
et qui fût en même temps capable d'arrêter les
écarts de l'ambition. Ce principe, entrevu déjà par
Polybe, et plus tard toujours soupçonné, désiré par
ceux qui souffraient des abus de la puissance, fut
enfin saisi et combiné par le génie profond de Guillaume III. A la mort de Frédéric II, ce système
semblait affermi sur des bases inébranlables ; mais
quiconque portait un regard attentif sur la situation *intérieure* des grands États de l'Europe, pouvait s'apercevoir que les étais de cet édifice si pom-
peusement élevé étaient vermoulus et devaient
s'écrouler sans retard. Les tendances constantes
des rois vers le pouvoir absolu avaient, dans presque tous les États du continent, anéanti les libertés
publiques ; et cependant l'idée en vivait partout,
réveillée et entretenue par les plus grands écri-
vains, non comme une simple théorie, mais comme
un bien réel dont Angleterre paraissait faire
sentir tout le prix. On ne connaissait de mesure
de la force des États que celle des armées perma-

nentes, qui élevaient partout un mur de séparation
entre elles et les nations qu'elles étaient chargées
de défendre. Traître à ses promesses, la politique
leva le masque en Pologne (1772), et dès lors pré-
valut le système de l'arrondissement des États aux
dépens des faibles, et cette autre opinion non moins
funeste, que la puissance des États ne se mesure
que sur le nombre des lieues carrées et la somme
des revenus. Le droit des nations cessa d'être une
garantie, l'égoïsme devint le principe dominant
dans la vie publique comme dans la vie privée.
D'autre part, les nations adoptèrent des idées en
contradiction flagrante avec l'ordre de choses alors
existant. Le dogme de la souveraineté du peuple,
proclamé d'abord en Hollande, puis développé par
l'école calviniste et philosophique de France, obtint une sanction solennelle par l'indépendance de
l'Amérique. Les partisans de cette révolution l'em-
portèrent en Europe, et des germes démocratiques
furent semés à pleines mains et cultivés avec solli-
citude au milieu des systèmes monarchiques. Enfin,
la confusion, dans la vie sociale, des classes élevées
et de l'état mitoyen amena dans les mœurs civiles
un nivellement qui ne tarda pas de réagir puis-
samment sur les mœurs publiques.

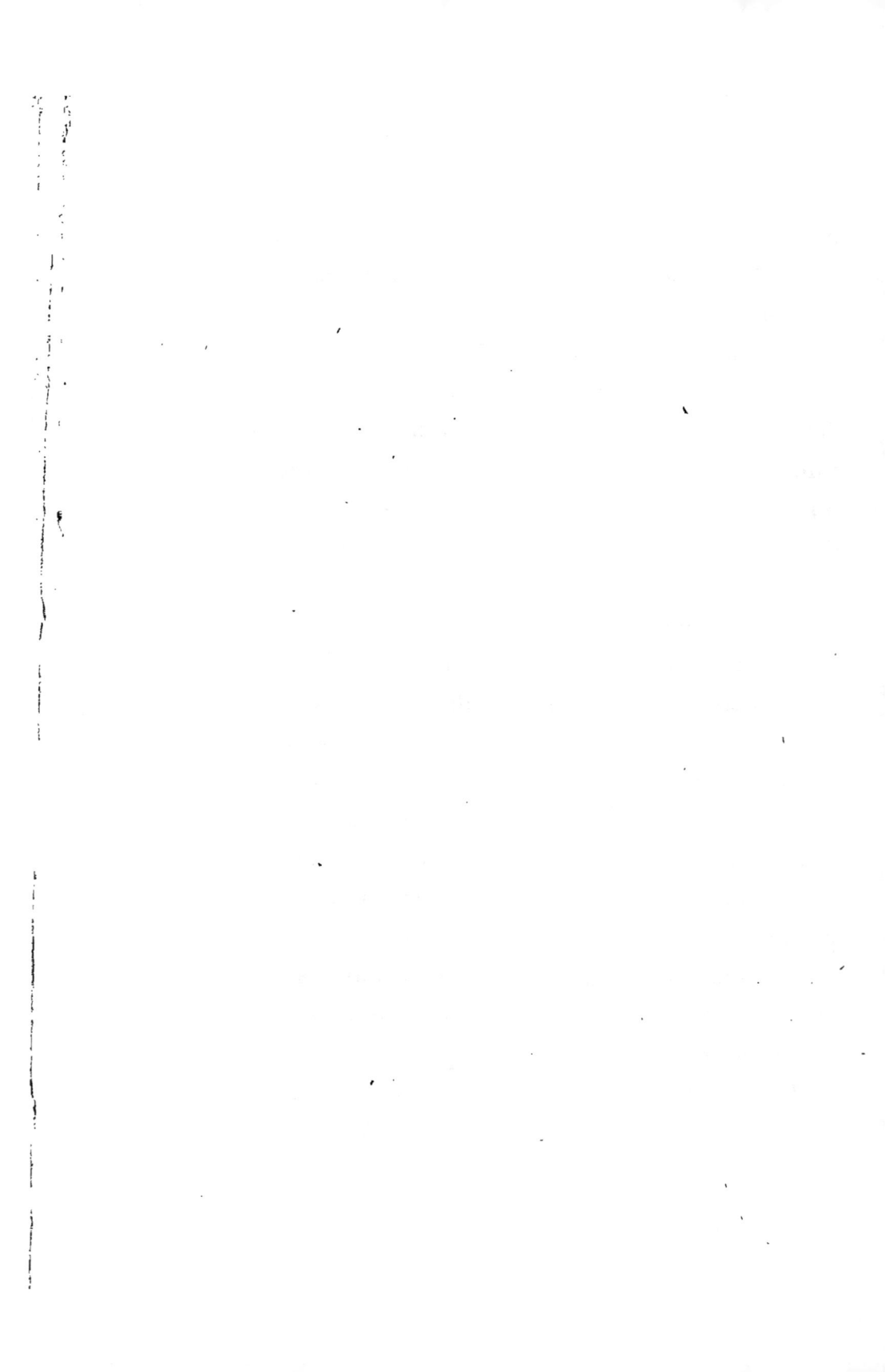

XIV

Le commencement du xviiie siècle est caractérisé par deux guerres, celle du Nord et celle de la succession d'Espagne. Dans tous les mouvements armés de l'Europe, une puissance avait toujours exercé, depuis le xvie siècle, un rôle de neutralité forte et décisive ; nous voulons parler de la Suède. A la fin du xviie siècle, elle sortit de toutes les conditions de cette politique calme et modérée qu'elle devait à ses publicistes et à ses hommes d'État. Le

jeune roi Charles XII régnait depuis trois ans sous
la régence de son aïeule Hedwige-Éléonore ; il avait
quinze ans à peine lors de son avénement (1697),
et toute la violence de cette tête se montra lorsque
arrachant la couronne à l'archevêque d'Upsal,
il la mit sur son jeune front. Charles XII ne fut point
cependant le premier agresseur dans la lutte qui
s'engagea bientôt. Christian V, roi de Danemark,
Auguste II, roi de Pologne, et le czar Pierre Ier,
jaloux de la prépondérance que la Suède avait acquise dans le Nord, s'unirent par une alliance me-
naçante pour ce pays. Charles XII s'arma pour défendre les droits de son beau-frère, le duc de Hol-
stein-Gottorp, dont les États avaient été envahis par
les troupes danoises. Charles XII était un prince petit de taille, à l'éducation de fer, avec ces habitudes
militaires qui lui faisaient appeler les champs de
bataille pour lit de repos. Le nom de ce prince,
après l'éclatante victoire de Narva (30 nov. 1700),
remplit le monde. Ce fut à l'instigation de Louis XIV
que le roi de Suède se porta en Pologne pour dé-
trôner Auguste II (2 juill. 1704), qu'il le poursuivit
dans son électorat de Saxe, et lui imposa les humi-
liantes conditions de la paix d'Altranstädt (14 —
24 sept. 1706). L'ambition des Suédois grandissait

avec la victoire ; mais telle est la fatale destinée
des nations qui sortent de leurs limites naturelles
qu'une réaction se prononce contre elles et les ac-
cable ; elles perdent leur vieille influence, leur antique position, pour ne pas retrouver une grandeur
nouvelle. C'est depuis Charles XII que la Suède a
compromis ce beau rôle de neutre et d'arbitre
qu'elle avait gardé pendant le XVIIe siècle. L'astre
de Charles XII pâlit à Pultava (27 juin 1709). Forcé
de fuir, il arriva à Bender, sur le territoire turc,
pendant que ses ennemis envahissaient la Suède.
Inquiété en Turquie, il revint dans ses États ; aidé
par le baron de Görtz, homme de tête et de cœur,
il vit bientôt ses affaires reprendre une tournure
favorable, lorsque, le 11 décembre 1718, il fut tué
au siége de Frédéricshall. A Charles XII succéda
(1er mars 1719) sa sœur Ulrique-Éléonore, épouse
de Frédéric de Hesse. Ce fut sous ce règne, qui dura
trente-trois ans, que les diètes suédoises recouvrè-
rent leur indépendance, grâce au maintien de l'équilibre politique, mais qu'elles furent complétement
aristocratisées.

Le plus grand adversaire de Charles XII, le czar
Pierre Ier, venait d'entrer, comme nous l'avons dit,
dans la lice politique. La Russie n'avait pas encore

cet immense développement, cette action puissante
sur l'Europe qui la place aujourd'hui au premier
rang. Pierre voyagea en Hollande, en Angleterre,
où, marin, charpentier, mathématicien, il vivait et
travaillait comme un simple ouvrier. Il fut le créa-
teur du commerce et de l'industrie de la Russie, de sa
puissance sur terre et sur mer. La fondation de Saint
Pétersbourg seule fut une idée colossale et providen-
tielle ; mais en réunissant sur sa tête la couronne
spirituelle et temporelle, en imposant forcément à
des populations barbares une civilisation factice,
il arrêta dans sa marche le libre développement
de la nation russe et brisa violemment tous les ressorts de sa spontanéité native. Après la paix glorieuse de Nystadt (10 sept. 1721), l'empereur de
toutes les Russies fut successivement reconnu par
les potentats de l'Europe ; mais les fréquentes révolutions du palais sous Catherine Ire (1725-1727),
Pierre II (né en 1714, † le 29 janv. 1730), Anne
(† le 28 oct. 1740), Ivan (né le 23 août 1740),
Élisabeth (née le 6 déc. 1740) paralysèrent, dans
ce pays, le progrès de la civilisation.

Le 28 janvier 1701 l'électeur de Brandebourg,
Frédéric III, se fit couronner roi de Prusse, sous
le nom de Frédéric Ier. La transaction de Passau,

(16 juill. 1552) en donnant une place au protestantisme dans l'Empire, avait préparé la grandeur des
électeurs de Brandebourg. Frédéric III fut le premier
de ces électeurs qui passa de l'alliance de la France à
celle de l'Empire ; son ambition était de ceindre la
couronne royale, et dans les vieilles coutumes l'empereur d'Allemagne avait le pouvoir de créer des rois
comme les Césars jetaient le sceptre et la pourpre
aux princes de Bithynie et d'Assyrie. Ce fut par le
traité militaire de Vienne, du mois de mai 1700,
que l'empereur Léopold reconnut la Prusse comme
royaume, et constitua ainsi une royauté en échange
de 10,000 hommes, que Frédéric s'engageait à entretenir à ses frais pendant tout le temps que du-
rerait la guerre de la succession d'Espagne. Plus
tard naquit la rivalité permanente des deux souve-
rainetés, l'une s'étendant toujours au nord et au
centre, l'autre cherchant une compensation inévitable en Italie. Frédéric Ier se montra tout fier de
son titre ; comme Louis XIV, il fonda un ordre de
chevalerie : l'Aigle noire brilla sur la poitrine
des rois. L'Empereur ne comprit pas la portée de
cette royauté militaire jetée au nord de l'Allemagne ; le prince Eugène, habile politique, en aperçut
seul le danger : « Il faudrait pendre, dit-il, les

ministres qui ont donné un tel conseil à l'Empereur.»

Depuis deux siècles, la Pologne, avec son
système orageux d'élection royale, était livrée
à des crises périodiques d'anarchie et de confusion ; sa noblesse chevaleresque, ses castellans
belliqueux avaient conservé les mœurs des Sar-
mates. Chaque palatin était comme un grand vassal
du moyen âge ; il élevait son étendard blanc, à
l'aigle d'or, sur le champ d'élection, et là, librement
et hautement, il proclamait son roi. En dehors de
cette noblesse se trouvaient des paysans pauvres
et serfs ; des juifs riches, usuriers et sales ; des
bohèmes errants et des nobles insubordonnés ; en
un mot, la vie de la société du xiie siècle au milieu
du xviie. Dans les jours d'élection, tous ces
chevaliers, prélats, palatins, apparaissaient, sur
leurs chevaux de bataille, ou traînés sur des
chars aux roues de fer et de bois durci au
feu. Jean Sobieski, le Machabée de l'Église et de
l'Europe civilisée, venait de mourir ; il s'agissait de procéder à l'élection d'un roi. La noblesse
polonaise n'était pas riche, les candidats répan-
daient de l'argent ; la plus déplorable corruption
s'était cachée dans les palatinats ; en Pologne,
comme à Rome, on savait le tarif des voix. C'était

une sérieuse affaire diplomatique que l'élection d'un roi de Pologne : l'Empire avait un haut intérêt à le tenir dans sa dépendance, parce que la Pologne formait sa frontière orientale ; la France, en guerre avec l'Empire, devait également souhaiter un roi de Pologne tout dévoué à sa politique. Les magnats, travaillés par le cardinal de Polignac, élurent, en 1697, le prince François-Louis de Conti, qui se rendit aussitôt à Dantzig ; mais il ne trouva pas les choses disposées suivant son attente ; le parti de l'électeur de Saxe, Auguste II, candidat germanique, l'emporta sur le sien. Trop confiant dans ses forces et dans l'appui de la maison d'Autriche, Auguste se ligua avec Christian V et le czar Pierre Ier contre la Suède, à laquelle il voulait arracher la Livonie, comme le premier la voulait dépouiller du Sleswig, et le second de la Baltique ; mais Charles XII, après avoir défait les Russes et les Danois, attaqua les Saxons, les battit, marcha contre Varsovie, s'empara de Cracovie, et convoqua une assemblée qui nomma roi, en 1704, le palatin de Posnanie, Stanislas Lesczinski. Cependant sa défaite à Pultava renversa tous ses projets : Stanislas se réfugia en France, et Auguste II remonta sur le trône ; mais ce fut sous la tutelle de la Russie.

XV

Charles II, maître du vaste monde espagnol,
après avoir passé sa vie dans d'obscures jouissances,
dans d'incessantes futilités, en compagnie de nains,
de baladins et de chanteurs, mourut au *Buen-Retiro*
le 1er novembre 1700. Louis XIV osa braver l'Europe en procurant par l'intrigue et la fraude l'héritage de ce prince à son petit-fils Philippe d'Anjou.
L'Autriche (mai 1701), la Hollande (7 sept. 1701),
la Prusse (20 janvier 1702), la Grande-Bretagne

7.

(15 mai 1702), l'empire d'Allemagne, à l'exception
des électorats de Bavière, de Cologne et de l'évê-
ché de Liége (28 septembre 1702), se liguèrent pour
réprimer son ambition. Le Portugal (16 mai 1703) et
la Savoie (25 octobre 1703) entrèrent aussi dans
cette ligue formidable. La Hollande, outre un contingent en hommes, devait fournir les fonds nécessaires. Singulier pays alors que la Hollande! Tout
était sur un pied d'égalité dans cette république de
marchands. Au milieu de leurs jardins de tulipes
et de leurs canaux verdoyants, ils s'occupaient ar-
demment de leurs expéditions de l'Inde et de leurs
comptoirs remplis de doublons. L'argent s'était
concentré dans cette terre ingrate où des merveilles
s'élevaient contre les ravages des eaux et la sté-
rilité du sol. On ne songeait à Amsterdam qu'à
réunir le plus de florins possible; les marchands
apportaient à cette œuvre une ostentation remarquable; les uns empilaient des pistoles d'or dans
des caves immenses, les autres dispersaient en
dalles sur le sol leurs pièces d'argent; c'était la vanité des gros bourgeois, leur seule noblesse,
et qui composaient le gouvernement municipal
et fédératif, fondement de leur république;
comme ils n'étaient pas très-forts aux batailles sur

terre, ils louaient bon nombre de seigneurs et
de soldats allemands, leur assuraient des exis-
tences nobles dans l'État. Si la flotte hollandaise
aux grosses flûtes et vaisseaux était très-redoutable
quand le pavillon de de Ruiter pendait aux mâts,
les troupes de terre n'avaient quelque renommée
que parce qu'elles étaient recrutées en Allemagne ; et c'est ce qui fit, dans l'origine, le pouvoir et le stathoudérat des princes de Nassau-
Orange. Cependant Louis XIV ouvrit la campagne
en 1690 ; mais les hautes capacités militaires de
ses maréchaux, Villeroi, Villars, Vendôme, Ca-
tinat et Berwick vinrent échouer devant l'ardent patriotisme du grand-pensionnaire Heinsius
(né 1633, † le 3 août 1720) et devant l'admirable
tactique du prince Eugène et du duc de Marlbo-
rough (né 1650, † 1722). Le soulèvement des
camisards dans les Cévennes (1686, 1702) et des
calamités physiques (1709) se joignirent au fléau
de la guerre extérieure. La France perdit dans la
guerre de la succession d'Espagne tous les fruits
d'une administration heureuse et souvent habile.
La détresse des peuples fut effroyable ; cependant
l'enthousiasme pour le roi, l'admiration et la plus
scrupuleuse obéissance se soutinrent au milieu des

revers, après les sanglantes défaites d'Hochstàdt
(13 août 1704), de Ramillies (23 mai 1706), d'Ou-
denarde (11 juillet 1708) et de Malplaquet (11 septembre 1709). Louis XIV, ayant vainement sollicité
la paix à la Haye (1705) et accepté les plus humi-
liantes conditions à Gertruydenberg (1709), refusa fièrement de concourir à expulser, par les
armes, son petit-fils d'Espagne. Une révolution mi-
nistérielle en Angleterre (19 août 1710) et la mort
de l'empereur Joseph Ier (17 avril 1711) le sauvèrent de la plus triste des situations. Les préliminaires de la paix furent arrêtés le 11 octobre 1711,
et la paix elle-même conclue à Utrecht, le
11 avril 1713, et à Rastadt-Baden, le 6 mars et le
7 septembre 1714. La France reconnut le roi
George Ier et la succession protestante dans la maison de Hanovre, renonça à la couronne d'Espagne
et promit la démolition du port de Dunkerque ;
elle céda à l'Angleterre Minorque et Gibraltar, la
Nouvelle-Écosse, la baie d'Hudson, Terre-Neuve et
Saint-Christophe. La république hollandaise reçut
en dépôt la portion des Pays-Bas qui appartenait à
l'Espagne, à la condition de la remettre à l'Autriche, après s'être assuré par un traité une bar-
rière contre la France. Le duc de Savoie reçut l'île

de Sicile et les ports de Toscane avec la dignité royale. L'Autriche obtint, outre la Belgique, Naples, le Milanais et la Sardaigne. Le roi de Prusse fut reconnu par la France souverain de ce pays et du comté de Neufchâtel. A ce prix la dynastie des Bourbons s'établit en Espagne.

XVI

ACTIVITÉ DIPLOMATIQUE DES CABINETS. — ESPAGNE. — AUTRICHE. — ANGLETERRE. — FRANCE.

Par le traité d'Utrecht, l'Espagne perdit ce qui lui restait de son ancienne domination en Italie et dans les Pays-Bas ; toutefois, bornée à son territoire péninsulaire et à ses immenses possessions d'Amérique, elle pouvait encore, sous une administration éclairée, prendre rang parmi les premières puissances de l'Europe. On ne saurait confondre dans une commune réprobation le gou-

vernement des rois de la maison de Bourbon avec
celui des princes de la maison d'Autriche, Philippe V (d'Anjou) et ses successeurs tentèrent à
diverses reprises d'imprimer un nouveau cours aux
destinées de cet empire ; mais leur éloignement héréditaire pour les institutions nationales qui seules
pouvaient le régénérer, frappa d'impuissance tous
leurs efforts ; et, en définitive, l'Espagne continua
de déchoir. L'issue de la guerre de succession avait
changé sa politique : d'ancienne ennemie, l'Espagne était devenue l'alliée naturelle de la France.
Le désir que Philippe V éprouvait de revenir sur
la renonciation au trône de France, qui lui avait
été imposée par le traité d'Utrecht, servit de prétexte à son ambitieux ministre, le cardinal Albéroni, pour susciter, en 1717, une nouvelle guerre,
qui devint générale et où les armes de l'Espagne
brillèrent de quelque éclat. Albéroni (né à Plaisance
en 1664, † le 26 juill. 1752), résolu de rendre à
la Péninsule son ancienne splendeur, réforma les
abus, créa une marine, disciplina l'armée espagnole
à l'instar des troupes françaises, et rendit le
royaume plus puissant qu'il n'avait été depuis Philippe II. En vain le duc d'Orléans, régent de France
pendant la minorité de Louis XV, renonçant à l'al-

liance de l'Espagne, entra dans celle de l'Angleterre : l'orgueilleux prélat s'opiniâtra dans son
système ; il jeta même le masque, attaqua l'Empereur et lui enleva la Sardaigne (1717); mais, l'année
suivante, la flotte espagnole dans la Méditerranée
fut anéantie par celle de l'Angleterre (22 août
1718). Albéroni songea alors à allumer une guerre
générale sur tout le continent ; à cet effet, il re-
chercha l'alliance de Pierre le Grand et de Charles XII ; il tâcha d'embarrasser l'Autriche dans une
guerre contre les Turcs et d'exciter une révolte en
Hongrie, tandis qu'il avait des intelligences en
France et un parti qui se flattait de parvenir à
s'emparer du duc d'Orléans. Ce dernier opposa à
Albéroni le fameux abbé Dubois, son ancien profes-
seur. Envoyé en Angleterre comme ministre pléni-
potentiaire, Dubois y fit preuve d'un talent et d'une
finesse remarquables, en triomphant d'une foule
d'obstacles pour amener la conclusion d'abord de
la *triple*, et en 1718, de la *quadruple alliance*, traités qui créaient pour la France un système de politique extérieure entièrement nouveau, celui de
l'alliance anglo-française.

En Angleterre, après la mort de la reine Anne
(12 août 1714), et conformément à l'acte de

succession , la maison de Hanovre fournit, en
1714, une nouvelle dynastie au trône, dans
la personne de George Ier (11 juin 1727), sous
lequel ce pays parvint au plus haut degré de prospérité matérielle et de considération politique. —
En Allemagne, Charles VI (1711-1740), voulant
assurer la couronne à sa fille Marie-Thérèse, à l'ex-
clusion des filles de Joseph Ier, son frère, négocia
avec les puissances pour faire reconnaître par elles
sa *pragmatique sanction*, qui régla ce point litigieux.
Il négligea l'armée , qui aurait mieux défendu la
princesse que tous les traités. Lorsqu'en juin 1715
les Turcs déclarèrent la guerre à Venise, l'Empereur
entreprit la défense de cette république. Vainqueur
d'abord, grâce aux talents du prince Eugène, il fut
pourtant obligé, lorsque les Espagnols menacèrent
l'Italie, de faire la paix (à Passarowitz, 1718), laquelle
toutefois augmenta son empire. Après la mort d'Auguste II , roi de Pologne , en 1733, Charles VI, de
concert avec la Russie, se déclara pour le fils de
ce prince, tandis que la France et l'Espagne se prononcèrent en faveur de Stanislas Lesczinsky ; de là
une guerre sanglante, qui se termina, en 1735, par
la perte, pour l'Autriche, des Deux-Siciles et d'une
partie du duché de Milan. En 1737, l'alliance de

Charles avec la Russie l'entraîna dans une guerre
contre la Turquie. Trois campagnes furent malheu-
reuses, et Charles signa, en 1739, la paix, qui lui fit
perdre la Valachie et la partie autrichienne de la
Servie, dont la ville de Belgrade elle-même dé-
pendait.

XVII

Fidèle à la politique du duc d'Orléans, la France déclara formellement la guerre à l'Espagne. Le duc de Berwick défit, en 1719, l'armée de Philippe V dans la Biscaye; et ce prince, perdant courage, conclut une paix dont la première condition était l'éloignement d'Albéroni. Philippe V alors adhéra au traité de la quadruple alliance, qui donnait à la Savoie la Sardaigne et la dignité royale ; à l'Autriche, la Sicile, et à l'infant don Carlos l'ex-

8.

pectative de Parme et de la Toscane. Philippe V,
en outre, renonça à toute prétention sur le trône
de France. De plus, le jeune roi Louis XV devait
épouser une infante, et Mlle de Montpensier,
quatrième fille du régent, serait fiancée au
prince des Asturies, l'héritier de la couronne d'Espagne. Ainsi, d'une part, le traité de la quadruple
alliance recevait son exécution, et de l'autre, les
liens de famille se rattachaient d'une manière plus
intime et plus profonde. Cette combinaison, œuvre
de Dubois, était l'acte de la plus haute, de la plus
puissante capacité ; on maintenait la paix sans briser le système politique de Louis XIV ; la France
reprenait sur l'Espagne l'ascendant qui lui était
propre et qui avait été la préoccupation de ses rois
depuis Henri IV.

Un des éléments qui, en France, avaient le plus aidé
les moyens de guerre pendant la campagne d'Espagne, était la facilité du crédit ; jamais les valeurs de
convention n'avaient obtenu une plus haute faveur;
l'argent monnayé, les lingots d'or étaient méprisés ;
on échangeait tout pour les billets de la banque de
Law. Avant de parler de ce système, il n'est pas
sans importance, croyons-nous, d'examiner quel fut
l'état financier de la France avant cette époque.

Ce fut sous le règne de Henri IV, et grâce à Sully, que les revenus et les dépenses furent réglés pour la première fois selon des vues financières. Quand Sully fut chargé du contrôle, l'État, grevé d'une dette qui montait à 16 millions, ne pouvait disposer que du tiers environ des 24 millions de ses revenus publics. La perception de ces revenus était abandonnée à des traitants, à des nobles et même à des étrangers. Sully restitua au gouvernement la manutention des recettes, après en avoir fait constater l'état exact; il vérifia les dettes, annula les créances mal fondées, fit rentrer les domaines aliénés par faveur de cour, supprima beaucoup de charges inutiles, remboursa une partie de la dette, réduisit la rente au denier 16, de 12 qu'elle était auparavant. Il diminua les tailles, encouragea l'agriculture et l'industrie, réforma une partie de l'armée, et facilita les moyens de communication entre les diverses provinces. Ainsi, grâce à l'ordre qu'il mit dans les finances pendant les 15 années de sa gestion, la France, loin d'être obérée comme auparavant, n'avait plus qu'une dette de six millions; les recettes présentaient annuellement un excédant de 4 millions sur les dépenses, et il y avait à la Bastille un trésor de l'épargne, consistant en 22 mil-

lions. On peut faire à Sully le grave reproche de
n'avoir pas compris les avantages que procurent la
navigation, la fabrication des articles de luxe et le
commerce colonial. En somme , c'était un habile
administrateur plutôt qu'un grand financier, dans
le sens que nous attachons maintenant à ce mot.

Après Sully, le désordre rentra dans les recettes
et les dépenses, par suite des guerres civiles, de
l'arbitraire du pouvoir et de l'importunité des courtisans. Pendant la minorité de Louis XIV, la dette
publique s'était élevée à plus de 52 millions ; le déficit fut considérable, malgré les hausses des droits de
gabelle, d'octroi, de tailles, et malgré les nouvelles
taxes imposées à divers genres d'industrie. Ce ne
fut pas Mazarin qui rétablit l'ordre dans les finan-
nances , cet honneur était réservé à Colbert, qui
remédia aux abus, comme l'avait fait Sully, mais
en partant d'autres principes. Car si Sully ne fa-
vorisait que l'agriculture, Colbert ne seconda que
le commerce. Il imposa aux receveurs de tailles
l'obligation d'inscrire régulièrement les recettes
dans leurs livres de compte, et de verser, dans l'espace de 15 mois, au trésor public, les sommes per-
çues. Grâce à l'ordre et à l'économie introduits par
ce ministre, les tailles furent diminuées, et l'on

put réduire considérablement la dette publique.
Malheureusement le faste et l'ambition de Louis XIV,
qui dévoraient des sommes énormes, détruisirent
l'effet salutaire des économies de son ministre, et
dans la guerre de 1672 à 1678, il fallut revenir en
partie aux expédients ruineux des temps antérieurs
auxquels Colbert avait mis tant de peine à remédier, tels que l'augmentation des tailles, l'hérédité
des charges et la création de charges nouvelles,
les aliénations de rentes sur le domaine, la vente
de titres de noblesse, etc. Ce fut pendant ces guerres que Colbert essaya le premier une institution
de crédit public, dont les banques de Gênes, de
Venise, d'Amsterdam, lui avaient peut-être donné
la première idée, et qui était jusqu'alors inconnue
en France. C'était une caisse appelée *des emprunts,*
où l'on recevait l'argent des particuliers en leur
donnant cinq pour cent d'intérêt pour le temps
qu'ils laissaient leurs fonds au gouvernement. On
apporta une assez grande quantité d'argent à cette
caisse, ce qui mit Colbert à même de libérer l'État
de dettes très-onéreuses. Il appliqua au même but
des fonds provenant d'emprunts effectués à des intérêts modérés.

Lepelletier, Chamillart, Desmarets, successeurs

de Colbert, ne surent remédier à la pénurie du
trésor que par les vieux moyens de la hausse des
tailles, de la création d'offices et de rentes, des
emprunts forcés, des anticipations ou même des
altérations de la monnaie ; si bien que, sous la régence du duc d'Orléans, la France était sur le point
de faire banqueroute. Ce fut alors que l'Écossais
Law, après avoir proposé en vain à quelques gouvernements son projet d'une banque d'escompte, le
fit agréer par le régent. Il s'agissait d'un établissement où les particuliers déposeraient leur numéraire, et qui donnerait en place un papier bien
accrédité. L'idée dominante de ce système était
d'en arriver au point que tout le numéraire vînt
au dépôt et que le public trouvât de l'avantage à
se servir des billets de la caisse pour les transac-
tions journalières d'une valeur considérable. A cet
effet, l'on commença par recevoir en paiement des
trois quarts d'une action de cet établissement les
billets d'État dont on ne savait que faire, puisqu'ils
étaient décrédités. La gestion de la caisse d'escompte
inspira d'abord une confiance générale, surtout
depuis que le gouvernement avait déclaré les billets
de la caisse recevables dans les bureaux des con-
tributions, et déjà le commerce se ressentait des

bons effets d'un papier qui jouissait du crédit public ; mais les finances de, l'État ne furent guère
améliorées. Aussi ne s'en tint-on pas à cette première tentative. Law joignit au privilége de la
banque , qui fut bientôt après déclarée banque
royale, celui de la Compagnie d'Occident qui devait
coloniser les bords fertiles du Mississipi. C'est
alors que furent créées 20,000 actions de 500 livres,
payables en billets d'État, et offrant la perspective
de grands bénéfices. Grâce au crédit attaché aux
premières opérations de la banque , le gouvernement put se procurer 50 millions à l'aide des billets de cet établissement. Pour faire le commerce
des Indes , dont le privilége fut donné à la même
compagnie, on créa encore des actions de 550 livres
pour le montant de 50 millions. D'autres émissions
d'actions nouvelles furent faites pour entreprendre
la fabrication des monnaies, le commerce d'Afrique
et la ferme générale des recettes de l'État, ferme
qui lui fut concédée sous l'obligation de se charger
de 1600 millions de la dette publique. Aussi cet
établissement gigantesque fit du papier de la valeur
nominale de deux milliards et demi de livres, papier
dont la plus grande partie entra en circulation ; et
loin de perdre la confiance publique , cette masse,

qui représentait une somme presque double de tout
le numéraire existant en France, eut la vogue. On
se fit illusion sur les effets des opérations de Law;
ses actions montèrent à des taux décuples de la
valeur nominale; mais l'engouement eut un terme
quand on voulut réaliser les valeurs immenses que
l'on possédait en portefeuille et dont la hausse
avait produit une hausse semblable dans les prix
des denrées, marchandises et propriétés foncières,
causé un déplacement prodigieux de fortunes et la
ruine d'un grand nombre de familles. Les actions
tombèrent aussi rapidement qu'elles étaient mon-
tées. Le soin de Law, quand cette crise se présenta
formidable, fut de rétablir l'opinion publique sur
la valeur réelle des actions hypothéquées; de là ce
charlatanisme qui publia des choses si incroya-
bles sur le Canada et les terres nouvellement exploi-
tées. Paris était rempli d'écrits sur les merveilles
de ces terres; l'honnête bourgeois, l'artisan laborieux se voyait entouré par une foule de crieurs,
de jongleurs en bel uniforme rouge, ou bien habil-
lés en Iroquois, avec des plumes de toutes couleurs
sur la tête, ornés de diadèmes de faux or, avec de
gros rubis attachés au front. Quand la musique
avait rassemblé les passants, tout aussitôt le

charlatan commençait sa harangue sur les miracles du Canada, la véritable terre promise aux habitants de Paris, des environs et de l'univers entier : on s'engageait à faire trouver de l'or à pleines mains, chacun nagerait dans l'abondance. Ce n'était pas assez pour les spectateurs : on fit arriver à Paris quelques chefs des peuplades iroquoises qu'on présenta au jeune roi Louis XV ; on les avait couverts d'or ; femmes et hommes portaient des colliers de perles, des diadèmes et un sceptre de belle apparence orné de pierreries ; toutes choses, bien entendu, faites à Paris, à l'orfévrerie du Trésor. Ces expédients étaient destinés à donner un peu de vie aux actions ; on voulait faire croire aux miracles de la colonie, qu'on offrait comme hypothèque aux créances du système ; mais la foi n'était plus dans ces actions, et la débâcle continua. En vain Law provoqua-t-il des arrêtés pour forcer le public à se défaire des espèces et à prendre des billets à la place du numéraire : la chute de son système n'en fut pas moins certaine, moins inévitable.

On ne connut alors d'autre moyen pour réduire l'immense dette publique que celui de soumettre les créances à des liquidations arbitraires, et de convertir une partie des titres en rentes sur les

aides et gabelles, sur les tailles, et en rentes via-
gères, au denier 50, 100 ou 25 : encore resta-t-il
une dette de 820 millions. C'était environ 19 millions de plus qu'avant la mise en vigueur du fameux
système de Law.

Ce système, bien qu'il n'ait pas été heureux,
était cependant fondé sur une pensée vaste et
féconde. Law n'était pas seul coupable ; l'esprit
français fut un peu la cause de cette ruine si rapide ;
cet esprit exagéra tout ; il s'éprit avec fureur des
combinaisons financières de l'Écossais ; il se pas-
sionna, comme il fait toujours, pour des nouveau-
tés, puis il se découragea aussi rapidement ; la
spéculation ne garda pas de milieu, elle passa d'un
excès à un autre : on se prit à démolir l'édifice
avec autant d'ardeur qu'on avait mis à l'élever. Et
pourtant le projet de Law reposait sur une large
idée de circulation : il agrandissait le cercle des
valeurs monétaires, il découvrait cette puissance
du crédit qui supplée à l'or ; il rattachait tout à un
papier-monnaie, à des actions qui avaient pour
hypothèque diverses branches du revenu public ;
la faute fut de dépasser certaines limites.

Cependant la France courait rapidement vers la
révolution qui s'apprêtait. La scandaleuse immo-

ralité du duc d'Orléans ; l'incapacité du duc de
Bourbon qui , depuis 1722, fut premier ministre ;
l'administration faible, quoique vertueuse du cardinal de Fleury (1726-1743); le crédit des maîtresses
du roi, lorsqu'en 1743 il commença à s'abandonner
à elles; les turpitudes toujours croissantes de ses
mœurs et de sa déplorable faiblesse, jusqu'à sa mort,
survenue le 10 mai 1774, détruisirent chaque jour
davantage le prestige de la royauté , ce prestige
qui avait fait la principale force de Louis XIV.

XVIII

La mort de l'empereur Charles VI (20 octobre 1740) fut le signal d'une grande guerre.
D'après le plan proposé par Ch. L. A. Fouquet,
duc de Belle-Isle, la France visa au morcellement
de la maison d'Autriche et trouva des alliés inté-
ressés dans l'Espagne, la Bavière (18 mai 1741),
et la Saxe (1er novembre). Un homme sut habile-
ment tirer parti de ces circonstances : Frédéric II
(né le 24 janvier, † le 17 août 1786), à qui son

9.

père avait laissé un État de 3 millions d'habitants,
un revenu de 7 1/2 millions de rixdales, un
trésor de 9 millions et une armée de 76,000
soldats. Il fit aussitôt valoir les prétentions de la
maison de Brandebourg sur les principautés silé-
siennes de Jägerndorf, de Liegnitz, de Brieg et de
Wohlau. Ses propositions ayant été rejetées par la
reine de Hongrie, Marie-Thérèse, il occupa la
Sélésie (23 décembre 1740) et battit, le 10 avril 1741,
à Molwitz, les Autrichiens, commandés par Neiperg.
Cette victoire, qui décida presque seule du sort de
la Silésie, encouragea les ennemis de la maison
d'Autriche à se déclarer contre elle. La France et
la Bavière s'allièrent avec la Prusse, et la guerre de la
succession d'Autriche commença. Frédéric II appuya de toutes ses forces le duc de Bavière, élu
empereur sous le nom de Charles VII (24 janvier 1742, † le 20 janvier 1745). Marie-Thérèse
(née en 1717, † le 29 novembre 1780), menacée
de toutes parts, implora le secours de ses fidèles
Hongrois, de la Grande-Bretagne et des Pays-
Bas; fit des sacrifices pour apaiser la Prusse;
gagna (1743) l'amitié de la Sardaigne et de la
Saxe, et bientôt ses armées furent victorieuses dans
l'Allemagne méridionale et en Italie. Les Français

ne soutinrent la gloire de leurs armes qu'en Belgique (depuis 1744) , grâce aux talents militaires
du maréchal de Saxe. La paix d'Aix-la-Chapelle
(20 avril et 18 octobre 1748) rétablit les bons
rapports entre les parties belligérantes : Parme
échut au prince d'Espagne , Philippe ; la Prusse
était devenue une puissance du premier rang : sa
population s'était élevée à 5 millions d'habitants ,
ses revenus à 10,000 rixdales , son armée à
150,000 combattants.

XIX

Le 10 juin 1755, la guerre se ralluma entre
l'Angleterre et la France au sujet des limites du
Canada. Pour protéger le Hanovre contre les at-
taques des Français, le roi George II fit un appel
aux puissances du continent, et il en résulta une
conflagration qui dura depuis le 29 août 1756 jusqu'en 1763. Frédéric II, uni à la Grande-Bretagne (15 janvier 1756) et à quelques princes du
nord de l'Allemagne, lutta avec gloire contre la

conspiration des cabinets de Vienne et de Versailles, auxquels s'étaient joints la Saxe, la Suède, la Russie et l'empire d'Allemagne. De nombreuses batailles , entre autres celles de Rossbach (5 novembre 1757) , de Leuthen (5 décembre 1757) et de Zorndorf (25 août 1758) , signalèrent sa supériorité dans l'art militaire. Son courage dans le malheur , son habileté à profiter des circonstances , l'inépuisable . richesse de ses ressources , l'éclatante bravoure de ses frères d'armes, tout concourut à lui attirer l'admiration des contemporains et de la postérité. Même après les sanglantes défaites de Hochkirch (14 octobre 1758) et de Kunersdorf (12 août 1759), il se plaça terrible en face de ses ennemis. Après la mort de George II (25 octobre 1760) , le cabinet anglais l'abandonna de la manière la plus scandaleuse , et il était à deux doigts de sa perte , lorsqu'il fut sauvé par un événement inattendu : la mort vint le débarrasser de sa plus implacable ennemie, l'impératrice Élisabeth de Russie (5 janvier 1762). Le traité de Hubertsbourg (15 février 1763) rétablit enfin le *statu quo*.

XX

ASCENDANT DE LA GRANDE-BRETAGNE. — GUERRE DE L'AMÉ-
RIQUE DU NORD. — DANEMARK. — AUTRICHE. — PRUSSE.
— GUERRE DE LA SUCCESSION DE BAVIÈRE. — LIGUE DES
PRINCES ALLEMANDS.— PARTAGE DE LA POLOGNE.— RUSSIE.
— PORTE OTTOMANE.

George II, dont lord Chatham dirigea les affaires
depuis 1758 jusqu'en 1761, enleva aux Français
plusieurs de leurs possessions étrangères, et fit
de grandes conquêtes dans les Indes orientales. Par
la paix de Paris (10 février 1763), George III, son
successeur, conserva une forte partie de ces con-

quêtes ; et, en outre, la France lui céda le Canada.
Jamais l'Angleterre n'avait soutenu une lutte aussi
heureuse. Des troubles à l'intérieur, occasionnés
par des débats sur la liberté de la presse et qui
amenèrent de fréquents changements de ministè-
res ; les voyages de Cook, entrepris pour faire des
découvertes ; la domination des Anglais sur le Ben-
gale (1762) ; les guerres conduites avec succès
contre les Marattes (1773-1783) et le royaume de
Mysore (1767-1799) ; la création , pour la compagnie des Indes orientales , d'un empire de 30 millions d'habitants , tels furent les événements qui
remplirent ce règne. La dette nationale, qui s'était
élevée jusqu'à 143 millions de livres sterling , ne
donna lieu à aucun murmure. Mais la lutte qui
s'éleva, en 1774, avec les colonies de l'Amérique
septentrionale , que ses ministres voulaient impo-
ser, fut beaucoup plus sérieuse ; leurs règlements
bizarres et mobiles firent naître une guerre désas-
treuse à laquelle la France prit part en 1778, en y
entraînant l'Espagne en 1779 et la Hollande en 1780.
Malgré tous ses efforts, l'Angleterre ne put soumettre les colonies d'Amérique ; c'est pourquoi elle
conclut la paix de Versailles, le 3 septembre 1783.
L'article le plus important de ce traité fut la re-

connaissance par elle de l'indépendance des treize
États américains. Au reste, cette séparation de ses
colonies ne fit éprouver à la métropole aucune
perte marquante; car elle fut affranchie des dépenses considérables qu'elle avait dû faire auparavant
vant pour les défendre, et son commerce même y
gagna sous certains rapports; seulement elle devait trouver un jour dans ce nouvel État indépen-
dant un rival de sa marine. Pendant cette guerre, la
dette nationale s'éleva jusqu'à 240 millions sterling.

Le Danemark qui, sous Frédéric V (1746—14 janvier 1766), avait vu l'âge d'or de la monarchie, fut
tristement agité par des intrigues de cour dans les
premières années du règne de Christian VII († 1808),
lequel avait épousé Caroline-Mathilde, sœur de
George III, jusqu'à ce que le prince royal Frédéric V,
eût pris en mains les affaires de l'État (1784) : l'af-
franchissement des paysans danois, la liberté rendue
au commerce, la formation d'une armée nationale,
l'abolition de la traite des nègres dans les colonies,
le plan pour l'acquittement de la dette nationale,
l'organisation nouvelle de la justice et l'établissement des juges de paix ; enfin, la constante sagesse
avec laquelle il refusa de prendre part à la guerre
contre la France, et sa courageuse résistance à une

agression perfide et insolente, lui ont assuré une place parmi les plus estimables princes de notre siècle. Le noble comte P. A. Bernstorf conserva jusqu'à sa mort une influence supérieure dans le conseil.

La prépondérance de la Russie se développa sous Catherine II (née en 1728, † en 1796). La Prusse avait recherché l'alliance de ce colosse (depuis le 11 avril 1764), la Prusse, fortement constituée à l'intérieur et considérablement agrandie à l'extérieur par le premier partage de la Pologne, conformément aux conventions arrêtées entre les cabinets de Pétersbourg, de Vienne et de Berlin (5 août, 18 septembre 1772, 19 avril 1773).

En 1778, Frédéric II se déclara contre l'occupation d'une partie de la Bavière par les. Autrichiens, occupation à laquelle avait consenti l'électeur palatin Charles - Théodore, héritier de Maximilien-Joseph, qui était mort sans enfants, mais contre laquelle avait protesté, sûr de l'appui de Frédéric, le duc de Deux-Ponts, son héritier présomptif et depuis roi de Bavière sous le nom de Maximilien Ier. L'électeur de Saxe, qui avait aussi des prétentions sur la Bavière, comme héritier allodial, protesta également. Les négociations n'ayant pu amener l'Autriche à renoncer à ses projets, la Saxe s'allia avec la Prusse, et Frédéric entra en Bohême, au mois de juillet 1778. L'impératrice Catherine ayant déclaré qu'elle allait envoyer 60,000 hommes au roi de Prusse, la guerre de la succession de Bavière se termina sans combat par la paix de Teschen, le 13 mai 1779. Six ans plus tard, Frédéric conclut, de concert avec la Saxe et le Hanovre, la ligue des princes allemands pour la défense de la constitution germanique contre toute agression hostile.

Grâce à l'impératrice Marie-Thérèse, l'Autriche était devenue un État de premier ordre, colossal, formidable. Cette grande princesse signala son règne par d'excellentes institutions et surtout par les soins éclairés qu'elle donna à l'agriculture, au commerce, à l'éducation populaire, au haut enseignement, à la religion, et aux arts. Joseph II, son successeur, déploya une activité infatigable à opérer les réformes réclamées par les progrès des peuples dans la civilisation ; malheureusement il agit avec trop de précipitation et de violence. Les Hongrois, attachés à leurs privilèges féodaux, témoignèrent du mécontentement ; une rébellion éclata dans la Transylvanie ; les Hollandais s'indi-

gnèrent de devoir ouvrir l'Escaut aux bâtiments
étrangers, et la Belgique, dépouillée de ses vieilles
libertés, se révolta. Ce fut, sans doute, le mécontentement des Belges qui suggéra à Joseph le projet
d'échanger leur pays, sous le titre de royaume
d'Austrasie, contre l'électorat de Bavière, projet
dont l'exécution échoua devant la fermeté du duc
de Deux-Ponts et devant la fédération des princes
allemands, organisée contre les idées de dictature
de l'Empereur. Joseph ne fut pas plus heureux
dans la guerre de 1788 contre la Porte. Les fatigues de ses campagnes et le chagrin de voir ses projets avorter, hâtèrent sa mort (20 février 1790).

Depuis 1768, la Russie avait serré de près la
Turquie : le 5 juillet 1770, elle anéantit la flotte
ottomane près de Tchesmé; exigea, dans la paix
de Koutchouck (21 juillet 1774), la libre navigation
de la mer Noire et l'indépendance de la Crimée.
L'existence de cet empire, à la fois menacée par la
Russie et par l'Autriche, attira enfin l'attention de
la France, de la Suède, de l'Angleterre et de la
Prusse. C'est ce qui amena d'abord la paix de
l'Autriche et de la Porte à Szistowé (4 août 1791),
puis celle de la Russie et de cette dernière puissance à Jassy (9 janvier 1792).

CHAPITRE IV.

RÉVOLUTION FRANÇAISE.

1789 - 1830.

XXI

POLOGNE. — SUÈDE.

Avant d'aborder l'histoire de l'explosion du volcan de 1789, il est nécessaire de jeter un coup d'œil sur les événements du nord-est de l'Europe.

De grands changements politiques avaient eu lieu dans cette partie de notre continent. En Pologne, les lumières, l'instruction et le patriotisme avaient fait de rapides progrès; l'Angleterre et la Prusse semblaient prendre quelque ombrage de l'accroissement de la Russie; en 1790,

pendant les travaux de la *diète constituante*,
qui durèrent depuis 1788 jusqu'en 1791, la cour
de Berlin proposa elle-même à la Pologne une alliance offensive et défensive contre les agressions
du colosse du Nord : ce traité fut accepté avec em-
pressement par la diète. Le 3 mai 1791, celle-ci
rédigea une constitution qui réforma les anciens
abus ; qui offrit une existence nouvelle aux bourgeois et aux paysans ; qui organisa avec sagesse le
pouvoir législatif, judiciaire et exécutif, et qui
constitua l'hérédité dans la personne de Stanislas-
Auguste, électeur de Saxe, fils du dernier roi de
Pologne. Frédéric-Guillaume II de Prusse félicita
lui-même Stanislas-Auguste de cette révolution,
et promit d'affermir les liens qui l'unissaient
à la nation polonaise. Tout semblait présager
à la Pologne de longs jours de bonheur et de
prospérité; mais l'ambition du cabinet russe
s'offensait, sans doute, de ce que, sans son con-
sentement, la nation polonaise travaillait à son
bien-être. Quelques aristocrates mécontents (Po-
tocki, Braniczki, Rzewuski), gagnés par les intrigues de l'étranger, se mirent à la tête d'un complot
ourdi à Targowitzé, au fond de l'Ukraine (14 mai
1792); et, précédés par une armée russe, ils se

présentèrent sans déclaration de guerre, sur le territoire de la Pologne. Le roi, la diète et la nation parurent animés du même esprit : les mesures les plus énergiques furent adoptées pour repousser cette agression ; une autorité illimitée fut accordée au prince pour défendre la patrie. Le gouvernement réclama l'assistance de la Prusse, garantie par le traité de 1790 ; mais celle-ci se disposait, au contraire, à s'emparer de la portion qui lui était une seconde fois réservée. En vain l'immortel Kosciuszko se couvrit-il de gloire dans deux batailles : il fallut céder au nombre. Stanislas lui-même eut la lâcheté de se soumettre aux prétentions des conjurés et des ennemis, et d'ordonner à l'armée de battre en retraite.

Par une convention forcée, déguisée sous le nom de traité, on vit, en 1793, la Prusse entrer en possession de la *Grande-Pologne ;* l'Autriche s'emparer de la *Petite-Pologne,* qu'elle surnomma la *Nouvelle-Gallicie,* et la Russie porter ses frontières jusqu'au centre de la Lithuanie et de la Volhynie. Les puissances spoliatrices garantirent une seconde fois l'intégrité du territoire qu'elles voulaient bien ne pas occuper.

Les motifs allégués par l'étranger pour justifier

ces déprédations contraires au droit des gens, re-
posaient sur une accusation perfide : les patriotes
polonais étaient, suivant les manifestes, imbus des
principes démagogiques professés par les jacobins
de France, et que les rois, disait-on, avaient la
mission, l'obligation même d'étouffer partout.
La révolution de 1791 s'était faite, au contraire,
tout en faveur de la royauté. Aussi l'accusation
portée contre le patriotisme polonais excita-
t-elle l'indignation générale, et la soif de la vengeance s'alluma dans tous les cœurs. Une insurrection éclate dans la capitale ; Kosciuszko marche sur Cracovie et remporte de brillants avantages
sur les Russes, la Lithuanie se soulève, la Samogi-
tie suit cet exemple, les troupes polonaises sta-
tionnées en Volhynie et en Podolie se réunissent à
celles de Kosciuszko ; mais tandis que celui-ci pour-
suit les Russes, il est traîtreusement attaqué
par les troupes prussiennes. Forcé de se reti-
rer dans les murs de Varsovie, il en fait lever
le siége aux armées coalisées. Cependant, à mesure
que les Polonais s'affaiblissaient par leur courageuse résistance, le nombre de leurs ennemis augmentait sans cesse : l'Autriche faisait marcher son
contingent ; Souvarof accourait du fond de l'Ukraine

pour soutenir avec de vieilles bandes les troupes
moscovites ; et la bataille de Madziewice, dans la
journée du 10 octobre 1794, fut la dernière de la
Pologne ; Kosciuszko tomba entre les mains de l'ennemi. Les Polonais défendirent encore leur capitale, mais le faubourg de Praga fut emporté d'assaut par Souvarof ; le 9 novembre, Varsovie fut
forcée de capituler ; le 18, l'armée polonaise fut
dissoute, et bientôt s'effectua le partage par lequel les rives de la Pilica, de la Vistule, du Bug et
du Niémen marquèrent les frontières de la Russie,
de la Prusse et de l'Autriche ; ce qui raya la Pologne du nombre des États indépendants.

Le roi Stanislas-Auguste, spectateur toujours
larmoyant du triple partage de ce pays et de
son anéantissement, reçut, au commencement de
1795, l'ordre de quitter la ville de Varsovie pour
aller à Grodno traîner sa déplorable existence ; il
y signa l'acte de son abdication le 25 novembre,
jour anniversaire de son couronnement, et après
le décès de Catherine II, arrivé en novembre 1796,
il vint mourir à Pétersbourg, le 12 février 1798.

En Suède, le roi Adolphe-Frédéric mourut l'an
1771. Son fils Gustave III était à Paris lorsqu'il
apprit cette douloureuse nouvelle. Aussitôt il écrit

au sénat pour protester de son attachement aux
lois ; en 1772, il jure au sein de la diète de con-
server les priviléges des états , de respecter les libertés publiques et de gouverner avec équité. Mais
six mois à peine étaient écoulés que , se fiant
à l'attachement des troupes, il change totalement
la constitution ; se plaint de ce qu'au sein de la
diète une *opposition factieuse* l'oblige à défendre
ses droits et ceux de la nation ; fait cerner par ses
gardes le palais du sénat et dissout violemment les
états assemblés. Cette atteinte à la loi fondamentale,
cette violation de la foi jurée, enhardissant les intrigues de la cour de Pétersbourg , le roi déclare
à la Russie une guerre qui dure depuis 1787 jusqu'en 1790. Cependant il convoque une nouvelle
diète à Gèfle pour obtenir des subsides ; mais les
députés, bien que choisis sous son influence , lui
font une plus forte opposition qu'il n'en attendait :
il se borne donc à en obtenir une partie des sommes nécessaires aux besoins de l'État et dissout
cette assemblée. Le calme semblait régner à
Stockholm, mais les nobles, mécontents, y tra-
maient une conspiration. Le 16 mars 1792 , une
lettre anonyme prévint Gustave du danger qui le
menaçait ; on le pressait de ne pas paraître aux bals

masqués pendant une année entière ; on l'avertis-
sait enfin que s'il se rendait à celui qui devait avoir
lieu le soir même à l'Opéra , il y serait assassiné.
Le roi ne tint aucun compte de ces avertissements;
il parut fort tard ; mais au moment où il se retirait
accompagné de l'ambassadeur de Prusse, plusieurs
personnes masquées l'environnèrent , et l'une
d'elles le blessa dans les reins d'un coup de pis-
tolet, dont il mourut treize jours après dans les
plus cruelles souffrances.

XXII

FRANCE.

Nous l'avons déjà dit, depuis la mort de Louis XIV,
et pendant le reste du xviiie siècle, la France courait rapidement vers la révolution qui s'apprêtait.
Louis XVI (1774-1792), petit-fils du méprisable
Louis XV, avec beaucoup de vertus, n'avait ni
l'éclat, ni les talents, ni la fermeté qui auraient
été nécessaires à la royauté pour reconquérir la
faveur populaire. Le désordre des finances et les
abus de tous les genres allèrent croissant pendant

son règne, et les fréquents changements de ministère et de système annoncèrent, en effet, que l'État tombait en dissolution.

Ce furent cette souffrance présente, ces dangers menaçants dans l'avenir, qui ramenèrent forcément les esprits, en France, vers les sciences philosophiques et politiques. Ils ne purent ni observer ce qui existait, ni remonter aux principes de ce qui devait être, sans se pénétrer de la conviction que l'État avait besoin d'une complète réforme. Cependant le mot même de réforme indique le retour à de certaines institutions antiques, à de certains principes sacrés, à un état cher aux souvenirs, vers lequel on peut retourner. La France regardait autour d'elle, et dans le présent et dans le passé, elle ne trouvait nulle part cette base sur laquelle elle eût pu s'appuyer, nulle part cette constitution qu'elle se serait complu à nommer glorieuse et à remettre en vigueur, nulle part ces institutions qu'elle eût pu chérir et respecter par reconnaissance pour le bien qu'elle leur devait.

Elle portait ses regards vers le trône : il n'était entouré ni de respect ni d'amour. On était effrayé de la masse de crimes, de fautes, d'imprudences qu'il fallait attribuer à la royauté.

La noblesse venait ensuite, elle prétendait représenter tout le passé ; mais elle ne conservait presque aucun des caractères qui pouvaient la rendre
chère à la France. Presque tous les noms héroïques,
ceux qui auraient rappelé vivement à la nation sa
gloire passée, étaient éteints ; l'influence territoriale
était perdue ; la plupart des seigneurs de châteaux
s'étaient empressés d'échanger leur orgueilleuse
indépendance contre les faveurs de Louis XIV ; les
autres n'avaient point su se rendre chers à leurs
vassaux par leur bienfaisance ; au contraire, on les
accusait généralement d'exiger avec rapacité les
droits féodaux qui leur étaient dus, et de se sé-
parer des roturiers avec d'autant plus d'insolence
que leur fortune les élevait moins au-dessus d'eux.
Chaque jour augmentait le nombre des anoblis, qui
partageaient avec les anciens nobles l'exemption
de toutes les charges, qui en augmentaient ainsi le
fardeau pour le peuple , et qui le provoquaient
d'autant plus par leur impertinence qu'ils avaient
plus de peine à obtenir sa considération. La noblesse prétendait encore être l'ordre essentiellement
militaire ; mais depuis que la guerre demandait des
armées infiniment plus considérables, il avait bien
fallu appeler le peuple à partager et les dangers et

11.

les combats ; les nobles ne s'étaient réservé de droit exclusif qu'aux honneurs et aux récompenses.

Le haut clergé était en butte à bien des reproches, à bien des récriminations : on accusait les grandes familles de la cour d'accaparer les dignités supérieures de l'Église ; mais le bas clergé était dévoué au tiers état et aux idées libérales.

La magistrature, à son tour, réclama la considération publique au nom des vertus antiques qu'elle avait conservées et des combats qu'elle avait soutenus pour la liberté et pour les rois ; mais la France ne pouvait entourer de son respect un corps où l'on entrait à prix d'argent. La vénalité des charges élevait contre les parlements un préjugé que les raisonnements les plus subtils ne pouvaient détruire. D'ailleurs qu'avaient-ils fait de cette justice dont ils se disaient les dépositaires ? Sa partie criminelle était un monstrueux assemblage d'informations secrètes, de tortures et de supplices ; la partie civile, quoiqu'elle fût plus perfectionnée, égarait le plaideur dans un dédale inextricable de délais, de frais et de décisions contradictoires ; enfin, trop souvent la justice distributive avait été subordonnée à la politique.

Au-dessous d'eux tous, se trouvait le peuple,

dont un cinquième habitait les villes et les quatre
cinquièmes les campagnes. C'était le tiers état,
disait-on ; mais bien plutôt c'était la masse des
Français qui, par les vertus, les lumières, le courage qu'elle renfermait dans son sein, se trouvait
bien au-dessus de la station qu'on lui permettait
d'occuper. Plusieurs villes avaient eu des munici-
palités, des droits de commune quelquefois obtenus
par l'épée, quelquefois achetés à prix d'argent, ce
qui ne les avait point empêchés d'être envahis par
la couronne et rendus illusoires ou changés en mesures d'oppression. Dans les campagnes, la taille,
la gabelle, la dîme de l'Église, les droits féodaux
des seigneurs, étaient perçus avec une rigueur, avec
une inégalité, qui révoltaient tous les esprits. Le
tirage de la milice et la corvée aggravaient encore
le fardeau de ce peuple à qui l'on demandait tout
et qu'on regardait comme dégradé parce qu'on le
forçait à tout donner.

Que restait-il donc dans les institutions de la
France qu'elle pût aimer ? Rien ! Aussi n'était-ce
point par goût pour les abstractions ou par l'éga-
rement d'un esprit trop philosophique que les
Français, en cherchant leurs droits, étaient obli-
gés de remonter aux droits de l'homme : c'était

par pénurie de meilleurs souvenirs ; c'était par
une succession de mauvais gouvernements. Le
désir d'arriver à un meilleur état ne s'en montrait que plus ardent, plus passionné, plus
irrésistible ; car de toutes parts se rencontrait
dans la nation une plus haute intelligence pour
désirer, pour apprécier ce qui serait bien, et une
expérience qui montrait dans le passé le mal et un
mal sans remède.

Des principes nouveaux étaient jetés dans le
public : la guerre d'Amérique avait fait germer
dans de jeunes têtes nobiliaires des idées de république, de liberté anglaise ; on s'occupait de réformes, de constitutions. Rien n'était plus singulier
que l'esprit de la nation française lorsque la révolution éclata : tout était contradictoire, la constitution et les faits, la religion et les mœurs,
les rangs et la fortune, le pouvoir et les lumières ;
tout cela, pourtant, marchait encore et suivait
son allure. C'est ce chaos qu'on appelle l'ancien
régime, et qu'on a vu regretté par la restauration.

Cependant, à la mort du ministre comte de Ver-
gennes (1787), la politique extérieure du cabinet de
Versailles était haut placée, et la marine et le com-

merce avaient pris un élan nouveau ; mais l'administration était mauvaise et l'état des finances dés-
espéré. Les idées de réforme proposées par le noble
physiocrate Turgot (1775) et par le banquier Necker (1776-1781) échouèrent. Calonne, leur frivole
successeur, ne fit que précipiter la crise (1783 —
8 avril 1787). Pour se mettre en faveur, il prodigua
l'argent à la cour et encouragea le roi, la reine et les
princes à ne point se gêner pour la dépense. Les
emprunts furent sa grande ressource ; mais cette
ressource est aussi ruineuse que facile, quand on
n'y impose pas de limites. Bientôt l'illusion se
dissipa et le déficit présenta une augmentation ef-
frayante. Calonne eut recours à la ressource pro-
posée par Turgot, l'égale répartition des impôts ;
et, à cet effet, il convoqua l'assemblée des notables,
(22 février-25 mai 1787). Cette mesure mécontenta
la cour sans satisfaire l'opinion, qui réclamait vivement la participation de la nation au maniement
des affaires. Calonne commit la faute d'imputer une
grande partie du déficit, qui s'élevait à 59 millions
de livres, à son prédécesseur Necker : celui-ci publia un mémoire justificatif, on l'exila. Cette rigueur
irrita les notables déjà prévenus. Sans rejeter ses
plans, ils demandèrent qu'on chargeât de leur

exécution un ministre plus moral et plus digne de
confiance. Ce fut là le dernier coup porté à
Calonne. Abandonné de ses partisans, dépouillé de
la croix de Saint-Louis, dénoncé au parlement et
craignant d'être arrêté, il s'enfuit (8 avril 1787). Les
violences de son inepte successeur, Brienne, excitèrent davantage encore l'indignation publique : le
25 août 1788, Necker rentra au ministère ; à peine
s'il trouva un demi-million au trésor. La nation
réclama avec plus de force que jamais la convoca-
tion des états généraux, et Necker la conseilla au
roi. Cette assemblée s'ouvrit le 5 mai 1789, après
une interruption de 175 ans. Le 17, les membres
du tiers état se déclarèrent la seule réunion légi-
time, et se constituèrent immédiatement en assemblée nationale. Le tiers état dès lors se dessina
d'une manière tout à fait hostile vis-à-vis des pri-
vilégiés du clergé et de la noblesse et à l'égard du
trône, appuyé jusqu'ici par une obéissance toute
passive. Le 23 juin, Louis XVI voulut essayer un
coup d'État ; mais, par cet acte sans objet, la cour
s'aliéna les états généraux, prépara la méfiance des
députés et la prise de la Bastille (14 juillet). Il
exista, dès ce moment, deux autorités dans le
royaume : l'une, populaire, appuyée sur la nation ;

l'autre, faible, incertaine dans sa marche, et qui
ne sut jamais où elle voulait aller. La première de
ces autorités fit connaître toute sa puissance dans
les scènes hideuses du 5 et du 6 août. Le 4 août,
les représentants du peuple abolirent le régime
féodal et changèrent (9 octobre), dans leurs bases
fondamentales, la constitution et l'administration de
la France. L'immense majorité de l'armée se ran-
gea du côté du peuple, la noblesse commença à
émigrer, et abandonna le roi, qui jura d'aimer les
institutions nouvelles, pour lesquelles il avait, au
fond, la plus grande répugnance. Le 19 janvier 1790,
les ordres et les titres héréditaires furent supprimés;
le 13 février, les biens de l'Église confisqués, et le
clergé forcé de prêter le serment civique (27 novembre). Des clubs s'établirent : les Jacobins,
(février 1790, octobre 1791) les Cordeliers et les
Feuillants (12 mai 1790) se partagèrent en sens divers l'influence de l'opinion publique. Necker, abandonné de tous les partis, quitta la France (3 septembre). Pour faire face aux dépenses, on eut recours
à une monnaie nouvelle, les assignats (29 septembre 1790). Le 2 avril 1791, Mirabeau meurt. Le
Panthéon s'élève pour quelques-unes des gloires
philosophiques et politiques ; et, dans ce mouve-

ment général, le roi s'enfuit imitant l'émigration
elle-même. Ramené de Varennes à Paris (22 juin),
il accepta (13 septembre 1791) la constitution du
3 septembre. Le 30, l'assemblée nationale déclara
sa mission accomplie.

XXIII

L'opinion publique de la partie la plus éclairée de l'Europe était favorable à la révolution de 1789, et l'empereur Léopold lui-même désapprouvait le système de vengeance proposé par les émigrés français réunis à Coblentz. Le cabinet prussien partageait ses répugnances ; car l'idée d'une guerre, la joie même que tous les deux ressentaient à l'aspect des troubles qui devaient diminuer la prépondérance politique de la France, les empêchaient

12

de prendre tout d'abord une part active aux projets
de l'émigration. Deux cabinets seuls promirent des
secours. la Suède et la Russie ; toutefois, ils ne
vinrent pas. Gustave III fut frappé par un bras fa-
natique de la liberté opprimée, et Catherine II était
trop occupée du partage de la Pologne et de la
guerre contre la Porte.

Le 1ᵉʳ octobre 1791 se réunit l'assemblée législative, dirigée avec une sorte de frénésie contre les
adversaires de la révolution française. Le 20 avril
1792, elle déclara la guerre à l'Autriche à cause de
l'appui que cette puissance prêtait maintenant aux
émigrés, et à cause des contestations qui s'étaient élevées entre la France et quelques princes de l'Allemagne sur leurs possessions d'Alsace. Le territoire
français fut envahi ; mais avant que les armées de
la coalition, après quelques faibles succès, eussent
été forcées à la retraite (29 septembre), l'ascendant
qu'avaient pris les idées républicaines renversa, le
10 août, la royauté et l'ordre constitutionnel fondé
par l'assemblée nationale ; la commune de Paris, du
sein de laquelle sortirent les foudres et les éclairs
de la plus terrible des révolutions, prit en mains
le souverain pouvoir. La convention nationale, qui
succéda le 21 septembre à l'assemblée législative,

confondit en elle, avec la puissance législative, tuotes les autres puissances dont se compose la suprême direction d'un corps politique. A peine installée, sur la demande de Collot d'Herbois elle proclame la république (25 septembre), condamne Louis XVI à la peine de mort (21 janvier 1793), crée un tribunal révolutionnaire (9 mars) et voit triompher le parti des montagnards, le 31 mai et le 2 juin. Marie-Antoinette (16 octobre), les Girondins (31 octobre), Philippe-Orléans-Égalité (6 novembre), Danton (5 avril 1794), Malesherbes (23 avril), la princesse Élisabeth (10 mai) et une foule d'autres périrent sur l'échafaud. L'Angleterre, la Hollande (1er février et 7 mars 1793), l'Espagne (7 mars), le Portugal, la Savoie, Naples, provoqués au combat, s'allièrent avec l'Autriche, la Prusse et l'empire d'Allemagne ; mais les puissances coalisées n'avaient ni unité ni consistance ; et, au milieu des dangers, le cœur ne manqua pas à la Convention : elle fit face à tout, refoula au loin ses ennemis et resta finalement maîtresse du terrain. La Toscane (9 février 1795), la Prusse (5 avril), l'Espagne (22 juillet) et Hesse-Cassel (28 août) se séparèrent de la coalition et firent des traités avantageux à la France.

Le régime de la révolution de 1793 avait si violemment tendu les ressorts, si effroyablement mis
en jeu la machine du gouvernement, qu'après la
chute de Robespierre au 9 thermidor (27 juil. 1794),
une réaction vive et caractérisée se manifesta contre la république. La révolution faite au sein de la
Convention et des comités n'avait rien de royaliste,
les hommes qui l'avaient tentée avaient donné des
gages sanglants à la terreur; mais ceux qui font
un mouvement n'en prévoient jamais la portée, il
entraîne toujours au delà du but qu'ils se propo-
sent; le 9 thermidor ouvrit la porte aux plus
effrayantes réactions : la Convention, les autorités
constituées, tout fut poussé par le flot de l'opinion publique. Partout cette opinion se manifesta
contre la Convention et en faveur de la royauté.
Ce fut, dès ce moment, une autre lutte où la Convention resta victorieuse au 13 vendémiaire 1795.

Cependant la troisième constitution (22 août-
23 sept. 1795), ou le Directoire, devait ramener l'ordre et la légalité au milieu d'une société bouleversée
jusque dans ses fondements. Si ce gouvernement n'y
réussit pas, il fit au moins de grandes choses pour les
arts, les sciences et l'industrie.—Le 19 août 1796,
l'Espagne s'unit à la France. L'ascendant des armes

françaises fut irrésistible : les Pays-Bas (janvier 1795), Gênes (juin 1796), la haute Italie (février 1797) furent républicanisés. Bientôt les grands succès de Bonaparte en Italie, ses merveilleuses campagnes de Montenotte (12 avril 1796), de Millésimo (15 avril), de Lodi (19 mai), de Lonato (3 août), de Castiglione (5 août), d'Arcole (17 novembre), de Rivoli (14 janvier 1797), de Tagliamento (16 mars), fixèrent l'attention de l'Europe sur cet homme que se disait fils de la république et qui méditait le retour de la monarchie. Des négociations furent entamées avec la Sardaigne (15 mai 1796 - 5 avril 1797), avec le pape (19 février 1797), avec l'Autriche (17 octobre 1797) à Campo-Formio ; le 18 avril on avait posé les préliminaires de ce traité à Léoben. Un crime vint interrompre les conférences de Rastadt (depuis le 9 décembre 1798) ; Bonaparte se rendit maître de Malte (12 juin 1798), et de l'Égypte (depuis le 4 juillet) en dépit de la victoire de Nelson à Aboukir (1er août). De plus, le Directoire subjugua la Suisse (12 avril 1798) et le Piémont (6 décembre), et républicanisa Rome (15 février 1798) et Naples (23 juin 1799). La Grande-Bretagne resta seule sur le champ de bataille jusqu'à l'époque où elle réussit

12.

à se faire un allié de Paul Ier, successeur de Catherine II († le 17 novembre 1796). La Russie, la Porte, l'Angleterre, l'Autriche, Naples, etc., formèrent une nouvelle coalition (1798), laquelle, commandée par Souvarof et l'archiduc Charles , menaça la France des plus grands dangers (1799) ; mais les victoires de Brune près de Mons (19 septembre 1799) et d'Alkmaar (le 2, le 6 et le 7 octobre), et de Masséna près de Zurich et d'Üznach (25 septembre) la sauvèrent.

XXIV

NAPOLÉON BONAPARTE.

Au milieu des agitations factieuses et des crises continuelles où elle se trouvait, la France avait besoin d'une main vigoureuse pour la diriger. Tout à coup, Napoléon Bonaparte débarque à Fréjus (9 octobre 1799), accourt à Paris, renverse la constitution (18 brumaire, 9 novembre), en donne une nouvelle (13 décembre), et comme premier consul prend en main le suprême pouvoir (18 février 1800). Le passage du grand Saint-Bernard

(depuis le 15 mai 1800), la bataille de Marengo
(14 juin) et la victoire de Moreau à Hohenlinden
(3 décembre) couvrirent la stratégie française d'une
nouvelle auréole de gloire. La Russie pencha vers
la France, dont elle serait devenue l'alliée fidèle
sans la mort imprévue de Paul (23 mars 1801). La
paix de Lunéville avec l'Autriche et l'Allemagne
(9 février 1801), celle d'Amiens avec l'Angleterre
(27 mars 1802) laissèrent respirer l'humanité. A
l'intérieur, la Vendée fut pacifiée (19 janvier 1800),
le concordat arrêté (15 juillet, 10 septembre 1801,
8 avril 1802) et Bonaparte nommé consul pour dix
ans, d'abord (8 mai), puis à vie (3 août). L'Angleterre
refusant d'évacuer l'île de Malte, la guerre recom-
mença (le 18 mai 1803). Bonaparte créa, le
19 mai 1802, la Légion d'honneur, introduisit un
nouveau code (5 mars 1803) et écrasa tous ses adversaires : Pichegru, le duc d'Enghien, George
Cadoudal, Moreau. Proclamé empereur des Français (27 mai 1804) et roi de Lombardie (17 et
25 mars 1805), il fonda une monarchie plus absolue que celle de Louis XIV. Un sénat nommé par lui
sur des candidats désignés ; un tribunat discutant
à peine ; un corps législatif muet et sans pouvoir
d'amendements ; un conseil d'État placé sous la

main du prince ; une administration fortement
centralisée et transmettant son impulsion par des
préfets; une police puissante, active, soupçonneuse,
arbitraire ; des tribunaux assouplis, sans action sur
l'administration et réduits à leurs seules fonctions
judiciaires; l'institution du jury appliquée seulement aux crimes privés; les tribunaux spéciaux rem-
plaçant les cours ordinaires de justice, voilà ce qui
composait l'organisation du nouvel empire.

Les prétentions de Bonaparte à la dictature dans
le sud-ouest de l'Europe furent vivement combat-
tues par la Russie et l'Autriche ; mais les malheurs
de Mack à Ulm (20 oct. 1805) et la bataille d'Au-
sterlitz (2 déc.) amenèrent la paix de Presbourg
(26 déc.). La Bavière, le Wurtemberg et le duché
de Bade se rallièrent au cabinet français, et la
Prusse, unie à la Russie (3 nov.), occupa le Hanovre.

Cependant, les batailles d'Iéna et d'Auerstædt
(14 oct.) ébranlèrent la monarchie prussienne;
Berlin fut occupé par les Français (27 oct.) ; Magdebourg et plusieurs autres forteresses livrées aux
vainqueurs. Quoique la bataille d'Eylau (8 fév. 1807)
fût une réfutation sanglante du ridicule préjugé
de l'invincibilité française, la bataille de Friedland

amena la paix de Tilsitt (7-9 juill.), qui eut pour
résultat la création du royaume de Westphalie et
l'érection du duché de Varsovie sous le gouvernement du roi de Saxe, allié de Napoléon.

La péninsule hispanique fut profondément agitée : le régent de Portugal dut s'enfuir au Brésil
(29 nov. 1807) et abandonner aux Anglais la défense de son pays contre les Français ; l'Espagne
reconnaître (6 juin 1808) pour roi Joseph Bonaparte, depuis que le faible Charles IV (19 mars)
eut renoncé au trône en faveur de son fils Ferdinand VII. Mais après le soulèvement de Madrid
(2 mai), la junte espagnole déclara la guerre à la
France et prouva ce que peut contre les plus braves
armées et les plus habiles capitaines un peuple qui
combat pour sa liberté, ses droits et sa foi. Une
armée française de 17,000 hommes, sous Dupont,
déposa les armes près de Baylen (20 juill. 1808), et
la défense héroïque de Saragosse (2 janvier-21 février 1809) excita l'admiration universelle.

Depuis le congrès d'Erfurt, 27 septembre 1808,
les deux grandes puissances continentales de l'Europe paraissaient d'accord sur les limites de leur
domination : le nord-est devait rester à la Russie,
le sud-ouest à la France. La Russie attaqua la Porte

ottomane (30 déc. 1806 — 25-30 mai 1812) et con-
quit (depuis le 10 févr. 1808 — 17 sept. 1809) la
Finlande suédoise. Le roi de Suède Gustave IV, le
constant ennemi de Napoléon, fut détrôné,
(13 mars 1809) et son oncle Charles XIII appelé à
lui succéder. La Grande-Bretagne, toujours plus
riche et plus puissante par le commerce et l'exten-
sion de ses possessions dans les Indes orientales,
poursuivit la lutte contre la France avec de gigan-
tesques efforts ; domina les mers ; appuya la Sicile
(depuis 1808) et l'Espagne et le Portugal ; mais oc-
casionna, par ses usurpations, une guerre impolitique dans l'Amérique du Nord (17 juin 1812—24 décembre 1814). Pendant que la France était forcée
d'employer presque toutes ses forces en Espagne,
l'Autriche eut de nouveau recours aux armes
(9 avril 1809) ; mais la défaite des Impériaux à Wa-
gram (6 juill.) amena la paix de Vienne, qui leur
fut si funeste (14 oct.).

A voir ce vaste empire de Napoléon se mouvoir
depuis Hambourg jusqu'à Venise avec un admirable
ensemble, on l'aurait cru d'une éternelle durée.
Cependant bien des causes de dissolution existaient,
même dans ce qui devait faire sa force principale,
l'armée. Aucun de ses généraux ne possédait les

talents militaires de Bonaparte, mais beaucoup
avaient son ambition, rêvaient des couronnes ou
soupiraient après le repos. Cette élévation de toute
la famille de l'empereur, ces médiocrités couron-
nées en Espagne, en Westphalie, en Hollande,
excitaient la jalousie des vieux guerriers tels que
Masséna, Bernadotte, Augereau, etc. D'ailleurs,
beaucoup de ces vétérans aspiraient au terme de
si longues fatigues. D'autre part, dans les rangs
inférieurs, à travers ce dévouement aveugle à Napoléon et à la victoire, s'était glissée la société se-
crète des philadelphes, qui, nourrie de l'esprit républicain, faisait une opposition mystérieuse et
formidable.

Napoléon Bonaparte avait atteint l'apogée de
sa puissance. Du château de Schœnbrunn
(17 mai 1809), il fulmina la sentence de mort
sur le pouvoir temporel du pape : les libertés de
l'Église gallicane furent déclarées loi de l'empire
(25 février 1810), un concile national ouvert
(25 avril 1811), et le concordat aboli (29 juin).
La Hollande (1810), une grande partie de l'Allemagne du Nord (10 décembre) et de l'Illyrie
(15 avril 1811) furent réunies à la France. Le mariage de Napoléon avec Marie-Louise (1er av. 1810)

avait déterminé les premières maisons princières de la Germanie à contracter des alliances de famille avec la maison du nouvel empereur. En même temps, un de ses maréchaux, Bernadotte, prince de Ponte-Corvo, fut appelé au trône de Suède, après la mort de Charles-Auguste, duc d'Augustenbourg (28 mai 1810).

XXV

En dépit de la lutte sanglante engagée en
Espagne, Napoléon poursuivit ses vastes plans.
La Russie, qui souffrait du système continental et
qui n'avait pas moins d'ambition que la France,
avait fait alliance avec la Suède (21 mai 1812) et
s'était réconciliée avec la Porte (25-30 mai). Napoléon
lui déclara la guerre et exigea le rétablissement du
royaume de Pologne (28 juin). Une armée de

600,000 hommes pénétra en Russie, jusqu'à la Moskowa (14 sept.). On connaît les désastres de cette campagne, la retraite précipitée de l'empereur et l'arrivée des Russes en Allemagne. Le roi de Prusse se mit à la tête du mouvement populaire de la Germanie ; la Suède et l'Autriche se prononcèrent bientôt aussi pour cette nouvelle coalition. Après les sanglants combats de Bautzen, de Gross-Beeren, de Dennewitz, de la Katzbach, voici venir l'immense et décisive bataille de Leipzig (16, 18 et 19 oct. 1813), qui força Napoléon de repasser le Rhin. La Bavière, le Mecklenbourg, le Wurtemberg, Hesse-Darmstadt (3 nov.), Bade (20 nov.), renoncèrent à l'alliance française, à laquelle il ne resta plus que le Danemark, qui, en récompense de sa fidélité, fut dépouillé de la Norwége par la Suède. Le 31 mars 1814, les puissances alliées firent leur entrée dans Paris. Napoléon, sur les conseils de Talleyrand, fut destitué (2 avril) par le sénat, et le 11, il abdiqua à Fontainebleau.

Louis XVIII remonta (7 mai) sur le trône de France, et la paix de Paris (30 mai) resserra ce pays dans ses limites de l'année 1792, toutefois avec une augmentation territoriale de 160 milles carrés. Un congrès se réunit à Vienne (1er novembre 1814 —

11·juin 1815).pour régler les affaires de l'Europe. La Pologne, érigée en royaume avec une constitution (27 nov. 1815), échut à la Russie ; le grand-duché de Posen, à la Prusse. Cette puissance reçut, en outre, le grand-duché du Rhin et presque la moitié de la Saxe (18 mai 1815). La Hollande, avec la Belgique, le pays de Liége et le duché de Luxembourg, fut constituée en royaume des Pays-Bas, sous le sceptre de Guillaume-Frédéric d'Orange. Le Hanovre reçut aussi la dignité royale. Les Bourbons d'Espagne et de Naples, le pape, les ducs de Savoie, de Toscane, etc., reprirent leurs anciennes possessions et ramenèrent l'ancien ordre de choses.

Le retour inattendu de Napoléon en France (1er mars 1815) menaça de nouveau la tranquillité de l'Europe ; mais il succomba à Waterloo et à la Belle-Alliance (18 juin 1815) sous les efforts des armées anglo-prussiennes commandées par Blucher et Wellington. Il abdiqua de nouveau le 22 juin, fut conduit prisonnier à Sainte-Hélène (2 juillet 1815), et y mourut le 20 mars 1821. Par la paix de Paris (20 novembre 1815), la France fut réduite à ses frontières de l'année 1790 et condamnée à payer une contribution militaire de 700 millions de francs. Les congrès d'Aix-la-Chapelle (9 oct. 1818), de Carlsbad (15 septembre 1819), de Vienne (25 nov. 1819), de Troppau (20 oct. 1820), de Laybach (6 janvier 1821) et de Vérone (1822) réglèrent les intérêts des différentes puissances.

XXVI

RESTAURATION EN FRANCE. — CHUTE DE LA BRANCHE AINÉE
DES BOURBONS.

Louis XVIII (né en 1755 , † le 16 sept. 1824)
s'était proposé pour but de réconcilier l'ancienne
aristocratie avec la charte, qu'il promulgua le 4 juin
1814. Mais la guerre contre les libéraux d'Espagne
(7 avril 1823) , et la chambre dite septennale
(9 juin 1824) excitèrent les plus vifs mécontente-
ments dans l'opinion publique. Les dernières années du règne de ce prince furent tristes. Placé

sous la tutelle d'absolutistes incorrigibles, le vieux monarque vit ses derniers jours s'éteindre dans un incroyable affaissement physique et moral. Les inquiétudes qu'avait causées l'avénement de Charles X, son frère (né en 1757, † en 1837), se dissipèrent d'abord par ses manières affectées de popularité et par la liberté donnée à la presse (29 sept. 1824). Mais le rétablissement d'us et coutumes qui n'étaient plus dans l'esprit du peuple et qui furent ridiculisés par les 169 journaux de la capitale, les indemnités accordées à l'émigration (27 avril 1825), la dissolution de la garde nationale de Paris (29 avril 1827), le rétablissement de la censure (24 juin 1827), le ministère impolitique de l'absolutiste Polignac, contribuèrent à dépopulariser le pouvoir et à amener une crise. Les dissentiments du gouvernement et de la nation éclatèrent d'une manière violente dans la session législative du 2 mars 1830 ; la déclaration de l'adresse du 16 mars, que le ministère avait perdu la confiance qui devait régner entre le roi et le peuple, fut suivie, le 10 mars, de la prorogation, et le 17 mai, de la dissolution de la chambre. Les 221 députés qui avaient voté pour cette adresse furent réélus.

Cependant le roi avait vengé l'honneur outragé

de la France en châtiant le dey d'Alger par l'arrestation de sa personne et la prise de sa ville (5 juill. 1830). Au moyen de cet éclatant succès, le gouvernement crut pouvoir exploiter la vanité nationale au profit de ses velléités despotiques. Le 25 juillet 1830, parurent les six fameuses ordonnances royales dont les trois premières renfermaient la suppression de la liberté de la presse, la dissolution de la chambre nouvellement élue et le changement de la loi électorale. L'indignation publique fut grande à l'apparition de ces funestes décrets; bientôt elle se fit jour, à coups de canon, à travers les barricades des 27, 28 et 29 juillet. Le 16 août Charles X et sa famille furent forcés de quitter la France ; ils cherchèrent un abri en Écosse et plus tard en Bohême. Louis-Philippe, duc d'Orléans, fut d'abord chargé de la lieutenance du royaume et ensuite proclamé roi (9 août), grâce à l'active coopération de la Fayette, de Laffitte et du chansonnier Béranger : à l'extérieur, l'alliance anglo-française; à l'intérieur, la compression de l'esprit révolutionnaire, tel devint le principe gouvernemental du nouveau pouvoir.

XXVII

En Espagne, Ferdinand VII, après avoir récupéré le trône de ses aïeux (4 mai 1814), rejeta la constitution décrétée par les cortès (19 mars 1812) et régna en maître absolu. Les tentatives des libéraux échouèrent devant la triple coalition de la noblesse, du clergé et de la France (1er oct. 1823). La pragmatique sanction du 21 mars 1830 abolit la loi salique qui excluait les femmes du trône; c'est pourquoi, après la mort de Ferdinand (29 sept. 1833), on proclama Isabelle, fille de ce prince et de Christine de Naples. L'infant don Carlos ne renonça pas à ses droits, et ce fut alors que commença cette lutte si opiniâtre et si acharnée des carlistes et des christinos qui ruina l'Espagne. — Ce pays avait perdu; depuis le 29 juillet 1808, ses colonies américaines, à l'exception de Cuba.—En Portugal, une partie de l'armée (20 août 1820) introduisit la libre constitution de l'Espagne, et Jean VI qui, pour échapper à la révolution du Brésil (26 fév. 1821), était revenu en Europe, se déclara pour elle; mais il ne tarda pas d'adhérer à sa destruction, demandée par l'infant don Miguel (27 mai 1823). Après la mort de Jean (10 mars 1826), don Pedro, empereur du Brésil, donna (29 avril 1826) au Portugal une constitution, qui fut abolie (23-30 juill. 1829) par le même don Miguel, chargé de la régence pendant la minorité de dona Maria, sa nièce. Le 10 avril 1831, don Pedro renonça au trône du Brésil ébranlé par l'insurrection de Río-Janeiro, prit en main les intérêts de sa fille et expulsa Miguel du Portugal (1er juin 1834). Il mourut le 24 septembre de la même année; sa fille Maria lui succéda.—En Italie, la pensée de l'unité politique s'était emparée d'un grand nombre d'esprits et tendait à bouleverser

l'ordre de choses établi. L'activité des sociétés secrètes (*carbonari*) fut puissante à cette époque ;
mais l'Autriche mit un terme (mars et avril 1821)
au régime constitutionnel établi à Naples (6 juillet 1820) et dans le Piémont (10 mars 1821).

XXVIII

Dans beaucoup de cantons de la Suisse, les villages réclamaient les mêmes droits que les villes. Des troubles éclatèrent à Berne et à Bâle. L'Allemagne fut également agitée. Charles, duc de Brunswick, fut chassé par un peuple en fureur, et son château brûlé. Il fut remplacé par son frère Guillaume d'OEls (10 sept.). L'électeur de Hesse-Cassel fut forcé de souffrir des modifications dans la constitution (5 janv. 1831) : il prit son fils pour

corégent et abdiqua le 30 septembre. Des mécon-
tentements populaires éclatèrent (13 sept.) à Alten-
bourg , et depuis le 1er sept. à Leipzig et à Dresde.
Le roi Antoine (le 13 sept.) prit son neveu Frédéric
pour corégent, et une nouvelle constitution (4 septembre 1831) satisfit aux exigences de la nation.
Dans le royaume de Hanovre, les villes d'Osterode
et de Gœttingue devinrent (janv. 1831) le théâtre
de troubles qui ne purent être étouffés que par la
force des armes (16 janv.). — Le 25 août 1830, la
Belgique s'insurgea contre la Hollande ; un congrès
national s'assembla à Bruxelles (10 novembre), et
le 4 juin 1831, le prince Léopold de Cobourg
fut élu roi des Belges avec l'assentiment des
grandes puissances.—L'Angleterre même ne resta
pas dans les vieilles ornières. Le bill d'émancipa-
tion fut adopté le 30 mars 1821 par la chambre des
communes par celle des lords ; de même le bill de
réforme passa dans la première de ces chambres
(1er mars 1831), et rejeté dans la chambre haute
(8 octobre), il y fut ensuite adopté le 4 juin 1832,
par suite une violente explosion de colère populaire. Du reste, Londres demeura le centre des
négociations diplomatiques de l'Europe.

XXIX

La lutte de la Grèce contre la Porte (depuis le
6 mars 1821) trouva en Europe de vives sympathies. Faiblement soutenus par l'étranger, les Grecs
étaient soumis à de sanglants sacrifices. Réduits à
la dernière extrémité par l'armée égyptienne
d'Ibrahim-Pacha (1824), l'Angleterre, la Russie et
la France se chargèrent de leurs destinées, conformément aux clauses du traité de Londres, 6 juillet 1827. Les flottes combinées de ces puissances

15

anéantirent la flotte turco-égyptienne dans le port de Navarin, et Ibrahim fut forcé d'évacuer le Péloponèse (10 sept. 1828). Malgré sa faiblesse toujours croissante, la Porte provoqua la Russie au combat (20 déc. 1827); mais le passage rapide du Balkan par l'armée moscovite (22-26 juill. 1829) fit taire l'orgueil de la Turquie et lui imposa la paix d'Andrinople (14 sept. 1829). La Russie déploya la supériorité de ses armes en Asie et en Afrique; mais elle ne trouva des adversaires redoutables qu'en Pologne (depuis le 29 nov. 1830 jusqu'au 8 septembre 1831).

FIN.

TABLE.

CHAPITRE I.

COMMOTIONS RELIGIEUSES. 1500-1660.

CHAPITRE II.

PRÉPONDÉRANCE FRANÇAISE. 1660-1700.

CHAPITRE III.

ÉQUILIBRE POLITIQUE EN EUROPE. 1700-1789.

CHAPITRE IV.

RÉVOLUTION FRANÇAISE. 1789-1830.

COURS DE PHILOSOPHIE DE L'HISTOIRE, fait publiquement à l'université de Bruxelles, par *J. J. Altmeyer*. Un vol. in-8°. Bruxelles, 1841.

PRÉCIS DE L'HISTOIRE ANCIENNE, par *le même*, Un gros vol. in-8°. Bruxelles, 1837.

ABRÉGÉ DES LEÇONS FRANÇAISES DE LITTÉRATURE ET DE MORALE, par *Noël* et *de la Place*, présentant un choix plus rigoureux que les précédentes éditions, et enrichi de plusieurs beaux morceaux. Un vol. petit in-8°, de 400 pages. Bruxelles, 1838.

ABRÉGÉ DU DICTIONNAIRE DE L'ACADÉMIE FRANÇAISE (d'après la sixième édition publiée par elle en 1835), par M. *Ch. Nodier*, membre de l'Académie française. Un volume in-8°.

1re partie. Littérature de l'enfance.
2e   »   Littérature de l'adolescence.
3e   »   Littérature de la jeunesse et de l'âge mûr.

DICTIONNAIRE DE L'ACADÉMIE FRANÇAISE, sixième édit. publiée en 1835. 2 beaux volumes grand in-8° ou petit in-4°. Bruxelles, 1835.

DICTIONNAIRE DE LA LANGUE FRANÇAISE (nouveau), avec les étymologies, la prononciation, des définitions claires et précises, etc., par MM. *Noël* et *Chapsal*. 6e édit. Un gros vol. in-8°.

GRAMMAIRE FRANÇAISE de *Noël* et *Chapsal*. Un vol. in-12. Bruxelles, 1857.

CORRIGÉ DES EXERCICES FRANÇAIS, sur l'orthographe, la syntaxe et la prononciation, par *les mêmes*. In-12.

www.ingramcontent.com/pod-product-compliance
Lightning Source LLC
Chambersburg PA
CBHW060432090426
42733CB00011B/2239